Guttentag'sche Sammlung
Nr. 76. Deutscher Reichsgesetze. Nr. 76.
Text-Ausgaben mit Anmerkungen.

Die Rechtshülfe

im Verkehr mit den ordentlichen Gerichten

nach deutschem Reichsrecht.

Zusammenstellung der einschlägigen Bestimmungen
mit Anmerkungen und Sachregister

von

Dr. A. Friedländer,
Landrichter.

Berlin 1906.
J. Guttentag, Verlagsbuchhandlung,
G. m. b. H.

Vorwort.

Das vorliegende Werkchen soll eine Zusammenstellung der reichsrechtlichen Bestimmungen über die Rechtshülfe im Verkehr mit den ordentlichen Gerichten geben. Die gedachte Beschränkung ist im Hinblick auf die Bedürfnisse der Praxis, für welche die Zusammenstellung bestimmt ist, erfolgt, zumal hinsichtlich der das Verhältnis zum Auslande betreffenden Bestimmungen auf Olshausens Auslieferungsverträge und Staudingers Staatsverträge als auf bewährte Sammlungen verwiesen werden kann.

Auch bei dem Inhalt und Umfang der Anmerkungen war das Bedürfnis des Praktikers ausschlaggebend. Es sind deshalb die Zitate auf die Anführung der Rechtsprechung beschränkt, diese Anführung aber ist möglichst ausgedehnt geschehen.

Jedem Hinweis auf Irrtümer und Lücken werde ich gern Rechnung tragen.

Limburg a. L. im Oktober 1905.

Der Verfasser.

Inhaltsverzeichnis.

Abkürzungen.

a. a. O. = am angeführten Ort.
Abs. = Absatz.
Abt. = Abteilung.
a. E. = am Ende.
AG. = Amtsgericht.
A. M. = Anderer Meinung.
Anm. = Anmerkung.
Anw. = Anweisung.
ArbVersorg. = Die Arbeiterversorgung.
Art. = Artikel.
AVBl. = Armee-Verordnungsblatt.
BadAnn. = Annalen der Großherzoglich Badischen Gerichte.
BadRpr. = Badische Rechtspraxis.
BeistG. = Gesetz über den Beistand bei Einziehung von Abgaben und Vollstreckung von Vermögensstrafen vom 9. Juni 1895.
BGB. = Bürgerliches Gesetzbuch.
BGBl. = Bundesgesetzblatt.
BolzePr. = Die Praxis des Reichsgerichts. Herausgegeben von Bolze.
BR. = Bundesrat.
BuschsZ. = Zeitschrift für deutschen Zivilprozeß. Begründet von Busch.
CBlFG. = Centralblatt für freiwillige Gerichtsbarkeit und Notariat sowie Zwangsversteigerung.
d. h. = das heißt.
DJZ. = Deutsche Juristen-Zeitung.
EG. = Einführungsgesetz.
ElsLothZ. = Juristische Zeitschrift für das Reichsland Elsaß-Lothringen.
FrankfRundsch. = Rundschau. Sammlung gerichtlicher Entscheidungen aus dem Bezirke des Oberlandesgerichts Frankfurt am Main.
fg. = folgende.
FS. = Feriensenat.
Gesetzbl. = Gesetzblatt.
GewG. = Das Gewerbegericht.
GewGG. = Gewerbegerichtsgesetz.
GewUVG. = Gewerbeunfallversicherungsgesetz.
GKG. = Gerichtskostengesetz.
GoltdArch. = Archiv für Strafrecht und Strafprozeß. Begründet von Goltdammer.
GVG. = Gerichtsverfassungsgesetz.
HansGZ. = Hanseatische Gerichtszeitung.

HansOLG. = Entscheidungen des Hanseatischen Oberlandesgerichts in Strafsachen aus den Jahren 1879—1897.

HessRspr. = Hessische Rechtsprechung.

JMBl. = preußisches Justizministerialblatt.

InvVG. = Invalidenversicherungsgesetz.

JW. = Juristische Wochenschrift.

KaisWilhKanG. = Gesetz, betreffend die Gebühren für die Benutzung des Kaiser Wilhelm-Kanals vom 20. Juni 1899.

KfmGG. = Gesetz, betreffend Kaufmannsgerichte.

KG. = Kammergericht.

KGBl. = Blätter für Rechtspflege im Bezirk des Kammergerichts.

KGJ. = Jahrbuch für Entscheidungen des Kammergerichts in Sachen der freiwilligen Gerichtsbarkeit, in Kosten-, Stempel- und Strafsachen.

KO. = Konkursordnung.

KonsGG. = Gesetz über die Konsulargerichtsbarkeit.

LG. = Landgericht.

m. a. W. = mit anderen Worten.

MecklZ. = Mecklenburgische Zeitschrift für Rechtspflege und Rechtswissenschaft.

MilRDiszG. = Gesetz, betreffend die Dienstvergehen der richterlichen Militärjustizbeamten und die unfreiwillige Versetzung derselben in eine andere Stelle oder in den Ruhestand, vom 1. Dezember 1898.

MStGB. = Militärstrafgesetzbuch für das Deutsche Reich.

MStGO. = Militärstrafgerichtsordnung.

MVBl. = Marine-Verordnungsblatt.

NaumburgAK. = Zeitschrift der Anwaltskammer Naumburg.

ObLG. = Oberstes Landesgericht.

OLG. = Oberlandesgericht.

OLGMünchenSt. = Sammlung von Entscheidungen des Kgl. Oberlandesgerichts München in Gegenständen des Strafrechtes und Strafprozesses.

OLGPr. = Oberlandesgerichtspräsident.

OLGRspr. = Die Rechtsprechung der Oberlandesgerichte. Herausgegeben von Mugdan und Falkmann.

ORA. = Oberreichsanwalt.

PAG. = preußisches Ausführungsgesetz.

PatA. = Patentamt.

PatG. = Patentgesetz.

PFGG. = preußisches Gesetz über die freiwillige Gerichtsbarkeit vom 21. September 1899.

PosJMSchr. = Juristische Monatsschrift für Posen, West- und Ostpreußen und Pommern.
PrivVUntG. = Gesetz über die privaten Versicherungsunternehmungen.
RAO. = Rechtsanwaltsordnung.
RBG. = Gesetz, betreffend die Rechtsverhältnisse der Reichsbeamten.
Recht = Das Recht. Rundschau für den deutschen Juristenstand.
„Rechtshülfe": Erläuterung s. Anm. 1 zu §§ 157, 158 GVG.
RFGG. = (Reichs-)Gesetz über die Angelegenheiten der freiwilligen Gerichtsbarkeit.
RG. = Reichsgericht.
RGAnn. = Annalen des Reichsgerichts. Unter Mitwirkung von Braun herausgegeben von Blum.
RGBl. = Reichsgesetzblatt.
RGRspr. = Rechtsprechung des deutschen Reichsgerichts in Strafsachen.
RGSt. = Entscheidungen des Reichsgerichts in Strafsachen.
RGZ. = Entscheidungen des Reichsgerichts in Zivilsachen.
RheinArch. = Archiv für das Zivil- und Kriminalrecht der Kgl. Preuß. Rheinprovinz (Umschlagtitel: Rheinisches Archiv usw.).
RheinARV. = Zeitschrift des rheinpreußischen Amtsrichter-Vereins.
RHG. = Gesetz, betreffend die Gewährung der Rechtshülfe, vom 21. Juni 1869.
RJA. = Entscheidungen in Angelegenheiten der freiwilligen Gerichtsbarkeit und des Grundbuchrechts. Zusammengestellt im Reichs-Justizamte.
RMG. = Reichsmilitärgericht und Entscheidungen des Reichsmilitärgerichts.
RStGB. = Strafgesetzbuch für das Deutsche Reich.
RV. = Reichsverfassung.
RVA. = Reichsversicherungsamt.
RZBl. = Zentralblatt für das Deutsche Reich.
s. = siehe.
SächsArch. = Sächsisches Archiv für bürgerliches Recht und Prozeß.
SächsOLG. = Annalen des Kgl. Sächsischen Oberlandesgerichts zu Dresden.
SchlHolstAnz. = Schleswig-Holsteinische Anzeigen.
SchutzgebG. = Schutzgebietsgesetz.
SeemO. = Seemannsordnung.
SeeUnfUntersG. = Gesetz, betreffend die Untersuchung von Seeunfällen, vom 27. Juli 1877.
Sen. = Senat.
SeuffA. = J. A. Seufferts Archiv für Entscheidungen der

obersten Gerichte in den deutschen Staaten.

SeuffBl. = J. A. Seufferts Blätter für Rechtsanwendung, zunächst in Bayern.

StA. = Staatsanwalt, Staatsanwaltschaft.

StGB. = Strafgesetzbuch für das Deutsche Reich.

StPO. = Strafprozeßordnung.

StS. = Straffenat.

ThürBl. = Blätter für Rechtspflege in Thüringen und Anhalt.

UVG. = Unfallversicherungsgesetz.

vgl. = vergleiche.

Vollstreckungsrechtshülfe: Erläuterung s. Anm. 1 zu §§ 163, 164 GVG.

VZS. = Vereinigte Zivilsenate.

WStempG. = Gesetz, betreffend die Wechselstempelsteuer.

WürttJ. = Jahrbücher der württembergischen Rechtspflege.

ZPO. = Zivilprozeßordnung.

ZS. = Zivilsenat.

Gemeint ist stets die zur Zeit gültige Fassung der angezogenen Gesetze, soweit nicht durch in Klammern beigefügte Jahreszahl eine frühere Fassung in Bezug genommen ist.

Einleitung.

Die Verfassung des Norddeutschen Bundes wies in Art. 4 Nr. 11 dem Bunde die Gesetzgebung über die wechselseitige Vollstreckung von Erkenntnissen in Zivilsachen und die Erledigung von Requisitionen überhaupt zu, und das Bundesgesetz vom 21. Juni 1869 regelte die Gewährung der Rechtshülfe in bürgerlichen Rechtsstreitigkeiten und in Strafsachen, nicht auch in Sachen der freiwilligen Gerichtsbarkeit. Das Gesetz, zum Reichsgesetz erhoben und in Elsaß-Lothringen eingeführt, erlitt durch die Reichsjustizgesetze erhebliche Einbußen. EGKO. § 3 Abs. 2 Nr. 3 hob die §§ 13—18 des Gesetzes vom 21. Juni 1869 auf, und GVG. §§ 157 fg. regelten die Rechtshülfe der ordentlichen Gerichte untereinander neu, so daß das frühere Gesetz nur für die Rechtshülfe im Verkehr mit den besonderen Gerichten anwendbar blieb. Auch dieser Geltungsbereich hat sich noch verengert, insbesondere hat EGMStGO. die Rechtshülfe der Militärgerichte untereinander und die Rechtshülfe zwischen Militärgerichten und bürgerlichen Gerichten einer Neuordnung unterworfen.

Auf GVG. folgten eine ganze Reihe von Einzelbestimmungen über Rechtshülfe. Ein Überblick [1])

[1]) Im Folgenden ist minder Wichtiges fortgelassen, insbesondere sind Neuredaktionen, die keine Änderungen gebracht haben, unerwähnt geblieben.

über sie ist unerläßlich, will man über die Frage Klarheit gewinnen, inwieweit die Normen des GVG. über den Umfang der Rechtshülfepflicht und den Instanzenzug betreffs dieser Pflicht über das GVG. hinaus zur Anwendung zu kommen haben.

Das GVG. vom 27. Januar 1877 trat bekanntlich am 1. Oktober 1879 in Kraft. Nach Verkündung des GVG. erging das Patentgesetz vom 25. Mai 1877 und trat bereits am 1. Juli 1877 in Kraft. Es bestimmte im § 31: „Die Gerichte sind verpflichtet, dem Patentamt Rechtshülfe zu leisten." Es folgte das Gesetz, betr. die Untersuchung von Seeunfällen vom 27. Juli 1877, in Kraft seit 1. Januar 1878. Nach §§ 20, 30 dieses Gesetzes sind die Gerichte und die in § 14 des Gesetzes genannten Behörden (Hafenbehörden, Strandbehörden, Seemannsämter, Schiffsregisterbehörden) verpflichtet, innerhalb ihrer Zuständigkeit den Anträgen der Seeämter und des Ober-Seeamts zu entsprechen. Endlich erklärte das gleichfalls vor dem GVG., nämlich am 22. Oktober 1878, in Kraft getretene Sozialistengesetz vom 21. Oktober 1878 [1]) in § 27 Abs. 1 die Beschwerde-Kommission für befugt, „Beweis in vollem Umfange, insbesondere durch eidliche Vernehmung von Zeugen und Sachverständigen, zu erheben oder mittelst Ersuchens einer Behörde des Reichs oder eines Bundesstaates erheben zu lassen."

---

[1]) Das Gesetz ist, weil nicht mehr gültig, in dem Werke selbst nicht berücksichtigt.

Die RAO. vom 1. Juli 1878, also vor dem Sozialistengesetz verkündet, aber erst nach ihm, nämlich mit dem GVG., in Kraft getreten, erklärte in den §§ 86 Abs. 2, 91 auf die Ersuchen der Ehrengerichte und des Ehrengerichtshofs die Bestimmungen der §§ 158—160, 166 GVG. ausdrücklich für anwendbar. Ebenso ordnete das Konsulargerichtsbarkeitsgesetz vom 10. Juli 1879, das mit dem GVG. in Kraft trat, in § 13 die entsprechende Anwendung des Titels 13 des GVG. auf die Ausübung der streitigen Gerichtsbarkeit durch die Konsulargerichtsbehörden an.

Das Inkrafttreten der Reichsjustizgesetze bedeutet einen Markstein in der Gesetzgebung über Rechtshülfe und eine Ruhepause in dieser Gesetzgebung. Erst das Jahr 1884 bringt wieder eine einschlägige Bestimmung. Das Unfallversicherungsgesetz vom 6. Juli 1884 bestimmt in § 101, der die Überschrift „Rechtshülfe" führt:

„Die öffentlichen Behörden sind verpflichtet, den im Vollzuge dieses Gesetzes an sie ergehenden Ersuchen des Reichs-Versicherungsamts, anderer öffentlicher Behörden, sowie der Genossenschafts- und Sektionsvorstände und der Schiedsgerichte zu entsprechen. . . . . . ."

Die Kaiserliche Verordnung über das Verfahren vor den auf Grund des Unfallversicherungsgesetzes errichteten Schiedsgerichten vom 2. November 1885 gedenkt in § 16 bei den Ersuchen um Beweiserhebung ausdrücklich des wiedergegebenen § 101 des Gesetzes und bestimmt in § 17 Abs. 2:

„Die Verhängung von Zwangsmaßregeln sowie die Festsetzung von Strafen gegen Zeugen und Sachverständige, welche ausbleiben oder ihre Aussage oder deren Beeidigung verweigern, erfolgt auf Ersuchen durch das Amtsgericht, in dessen Bezirk dieselben ihren Wohnsitz oder in Ermangelung eines solchen ihren Aufenthalt haben."

Dem Reichsgesetz, betreffend die Rechtsverhältnisse der deutschen Schutzgebiete, vom 17. August 1886, das in § 2 die Bestimmungen des Konsulargerichtsbarkeitsgesetzes über das gerichtliche Verfahren einschließlich der Gerichtsverfassung auf die Schutzgebiete ausdehnt, folgt die Kaiserliche Verordnung, betreffend die Ausübung der Prisengerichtsbarkeit aus Anlaß der ostafrikanischen Blokade, vom 15. Februar 1889.[1]) Ihr § 29 lautet:

„Gerichts- und Verwaltungsbehörden haben innerhalb ihrer Zuständigkeit den Ersuchen der Prisenbehörden und der Kaiserlichen Kommissare zu entsprechen. Auf die von den Gerichten zu leistenden Rechtshülfen finden die §§ 158—167 des Gerichtsverfassungsgesetzes entsprechende Anwendung."

Das Reichsgesetz, betreffend die Invaliditäts- und Altersversicherung, vom 22. Juni 1889 stimmt in einem § 141 in der Überschrift und im wesentlichen auch im Text mit § 101 des Unfallversicherungs-

[1]) Die Verordnung hat durch Aufhören der Blokade ihre Anwendbarkeit eingebüßt und ist daher im Werke selbst nicht abgedruckt.

gesetzes von 1884 überein, und ebenso entsprechen die §§ 16, 17 der Kaiserlichen Verordnung, betreffend das Verfahren vor den auf Grund des Invaliditäts- und Altersversicherungsgesetzes errichteten Schiedsgerichten, vom 1. Dezember 1890 den §§ 16, 17 der Kaiserlichen Verordnung vom 2. November 1885.

Während das Reichsgesetz, betreffend die Gewerbegerichte, vom 29. Juli 1890 in § 60 nicht nur die Rechtshülfepflicht der ordentlichen Gerichte gegenüber den Gewerbegerichten statuiert, sondern auch bestimmt, die Leistung der Rechtshülfe habe „nach Maßgabe der Bestimmungen des Gerichtsverfassungsgesetzes" zu erfolgen, wiederholt das Patentgesetz vom 7. April 1891 in seinem § 32 unverändert den § 31 des Patentgesetzes von 1877.

Es folgen das Gesetz über den Beistand bei Einziehung von Abgaben und Vollstreckung von Vermögensstrafen vom 9. Juni 1895 und das Börsengesetz vom 22. Juni 1896. Das Beistandsgesetz verpflichtet „die Behörden verschiedener Bundesstaaten, einander auf Ersuchen Beistand zu leisten" 1) zum Zweck der Erhebung und Beitreibung bestimmter Abgaben und Gefälle, 2) zum Zweck der Durchführung des Verwaltungsstrafverfahrens wegen Zuwiderhandlung gegen die Vorschriften über die Erhebung der zu 1 gedachten Abgaben und Gefälle, 3) zum Zwecke der Vollstreckung von Vermögensstrafen, die durch polizeiliche Strafverfügung oder durch Bescheid eines Seemannsamts festgesetzt sind.

Nach § 8 des Beistandsgesetzes haben in dem

obengedachten Verwaltungsstrafverfahren „die Amtsgerichte auf Ersuchen Zeugen und Sachverständige eidlich zu vernehmen".

Nach § 26 des Börsengesetzes sind „die Gerichte verpflichtet, dem Ersuchen des Ehrengerichts sowie der Berufungskammer um Vernehmung von Zeugen und Sachverständigen zu entsprechen". Also auch hier kein Hinweis auf die Bestimmungen des GVG.!

Dagegen bestimmt RFGG. v. 17. Mai 1898 in § 2:

„Die Gerichte haben sich Rechtshülfe zu leisten. Die §§ 158 bis 169 des Gerichtsverfassungsgesetzes finden Anwendung."

Zwischen dieses Gesetz und das Kaufmannsgerichtsgesetz v. 6. Juli 1904, das in § 16 Abs. 1 die obenberegte Bestimmung des Gewerbegerichtsgesetzes (§ 61 der Neufassung) für entsprechend anwendbar erklärt, schieben sich noch vier Gesetze ein: das Gesetz, betreffend die Gebühren für die Benutzung des Kaiser Wilhelm-Kanals, vom 20. Juni 1899, das Gesetz betreffend einige Änderungen von Bestimmungen über das Postwesen, vom 20. Dezember 1899, das Gesetz über die privaten Versicherungsunternehmungen vom 12. Mai 1901 und die Seemannsordnung vom 2. Juni 1902.

Das Gesetz vom 20. Dezember 1899 befaßt sich mit der Entschädigung der vor dem 1. April 1898 betriebenen Privat-Briefbeförderungsanstalten und ihrer Bediensteten.[1]) Um diese Entschädigung richtig

[1]) Diese Entschädigung ist überall erfolgt, das Gesetz ist deshalb im Verfolg nicht mit abgedruckt.

bemessen zu können, sind nach Art. 5 Abs. 2 des Gesetzes „die Postverwaltungen und deren Beauftragte befugt, unter Hinzuziehung eines vereideten Protokollführers, Zeugen und Sachverständige eidlich zu vernehmen oder die Gerichte um deren Vernehmung zu ersuchen.“

Nach § 79 des Privatversicherungsgesetzes sind „die Gerichte und sonstigen Behörden verpflichtet, den im Vollzuge dieses Gesetzes an sie ergehenden Ersuchen des Amtes [d. i. des Aufsichtsamts für Privatversicherung] zu entsprechen“, und sind „die Ersuchen um eidliche Vernehmungen an die zur eidlichen Abhörung von Zeugen und Sachverständigen zuständigen Landesbehörden zu richten“. Im Anschluß daran bestimmt die Verordnung, betreffend das Verfahren und den Geschäftsgang des Kaiserlichen Aufsichtsamts für Privatversicherung, vom 23. Dezember 1901 in § 26 nach Statuierung des Zeugniszwangs für Ladungen vor das Aufsichtsamt:

„Kommt die Verhängung oder Vollstreckung von Zwangsmaßregeln in Frage, so ist das Amtsgericht zu ersuchen, in dessen Bezirke die Zeugen oder Sachverständigen ihren Wohnsitz oder in Ermangelung eines solchen ihren Aufenthalt haben.“

Das Kanalgesetz und die Seemannsordnung enthalten Ergänzungen des Beistandsgesetzes.

Wir sind am Schlusse der Aufzählung, die sich naturgemäß etwas eintönig gestaltet hat.

Blicken wir nun einmal zurück!

Bald sind die Behörden oder die öffentlichen

Behörden zur Rechtshülfe verpflichtet, und die ordentlichen Gerichte trifft die Rechtshülfepflicht nur, weil sie eben auch zu diesen Behörden gehören, bald sind zwar die Gerichte besonders genannt, aber nur neben einer Reihe anderer Behörden gleich diesen zur Rechtshülfe verbunden. Weiter sind die Gerichte teils alleinige Rechtshülfeorgane, teils nehmen sie diese Stellung wenigstens bezüglich bestimmter Tätigkeiten ein. Endlich werden die Bestimmungen des GVG. in einer Reihe von Fällen für anwendbar erklärt, während in einer anderen Reihe von Fällen solche Anordnung fehlt.

Es kann zunächst darüber kein Zweifel herrschen, daß da, wo die ordentlichen Gerichte nur deshalb als rechtshülfepflichtig in Betracht kommen, weil sie mit zu den Behörden oder Behördengattungen gehören, die zur Leistung der Rechtshülfe verbunden sind, die Bestimmungen des GVG. keine Anwendung finden. Sonst wäre, da das GVG. die Ablehnung eines ordnungsgemäßen Ersuchens nur wegen Verbotenseins der begehrten Handlung oder wegen mangelnder örtlicher Zuständigkeit zuläßt, ähnliche reichsrechtliche Bestimmungen aber für die anderen ersuchten Behörden nicht bestehen, die Rechtshülfepflicht der Gerichte eine ausgedehntere als die der anderen Behörden. Das wäre unerklärlich.

Nicht anders steht es in den Fällen, in denen die Gerichte zwar besonders genannt, aber nur neben anderen Behörden mit der Rechtshülfepflicht belegt werden. Die Richtigkeit dieser Auffassung bestätigt die Blokadeverordnung von 1889, die den Gerichts- und Verwaltungsbehörden die Rechtshülfepflicht aufbürdet, es aber für notwendig hält, bezüglich der Gerichte ausdrücklich die §§ 158—167 GVG. für anwendbar zu erklären.

Wir kommen zu den Fällen, in denen die Gerichte alleinige Rechtshülfeorgane sind, sei es bezüglich bestimmter Akte, sei es allgemein. Wären damit die Bestimmungen des GVG. über die Rechtshülfe ohne weiteres für anwendbar erklärt, so müßte es doch Wunder nehmen, diese Anwendbarkeit in einer Reihe von Fällen noch besonders normiert zu sehen. Solche Anordnungen enthalten aber nicht nur mit dem GVG. gleichzeitig in Kraft getretene Gesetze. Vielmehr gehören hierher auch — der Blokadeverordnung, die allerdings keine ausschließliche Zuständigkeit der Gerichte für Leistung der Rechtshülfe kennt, wurde schon Erwähnung getan — das Schutzgebietsgesetz von 1886, das Gewerbegerichtsgesetz von 1890, RFGG. und das Kaufmannsgerichtsgesetz von 1904, die alle erst nach dem Inkrafttreten des GVG. verkündet sind. Mag man nun selbst das Schutzgebietsgesetz von 1886, welches das Konsulargerichtsbarkeitsgesetz von 1879, und das Kaufmannsgerichtsgesetz, welches das Gewerbegerichtsgesetz für anwendbar erklärt, so daß also die Ausdehnung der Bestimmungen des GVG. nur indirekt angeordnet ist, bei Seite lassen, so bleiben immer Gewerbegerichtsgesetz und RFGG. übrig. Beiden Gesetzen wird man gewiß nicht mangelhafte Technik vorwerfen können, und doch sollen sie eine nicht nur überflüssige, sondern durch die Abweichung von anderen Rechtshülfebestimmungen auch irreführende, weil zu unrichtiger Auslegung anderer Gesetze verleitende Bestimmung aufgenommen haben. Das ist schon recht unwahrscheinlich. Zudem ist es doch merkwürdig, daß das Gewerbegerichtsgesetz vom 29. Juli 1890 ausdrücklich die Rechtshülfebestimmungen des GVG. für anwendbar erklärt, dagegen das Patentgesetz vom 7. April 1891 trotz Normierung der Rechtshülfepflicht der Gerichte und nur der Gerichte über die Anwendung des GVG. schweigt, ohne daß dies einen Unterschied der Bestimmungen beider Gesetze bedeuten soll. Dabei ist doch der zeitliche Zwischenraum zwischen den beiden Gesetzen kein großer, auch stellt sich das Patentgesetz vom 7. April 1891 nicht etwa nur als Neuredaktion des Patentgesetzes vom 25. Mai 1877, sondern als ganz neues Gesetz dar. In dem § 31 des Patentgesetzes von 77 aber konnte keinesfalls eine Erstreckung der Rechtshülfenormen des GVG. erblickt werden: denn das Patentgesetz von 77 trat über 2 Jahre vor dem GVG. in Kraft, fand also bei seinem Inkrafttreten noch gar nicht die Behörden der §§ 158, 160 GVG. vor, und ebensowenig konnte doch davon die Rede sein, daß der besagte § des Patentgesetzes mit dem Inkrafttreten des GVG. plötzlich einen anderen Inhalt bekommen haben sollte.

Wenn das Reichsgericht[1]) für die Anwendbar-

---

[1]) RGZ. **33** 425 (I. ZS. 19. 9. 94).

keit der Bestimmungen des GVG. auf die nach dem Patentgesetze von 91 dem Patentamte zu gewährende Rechtshülfe den Umstand in das Feld führt, „daß das Patentgesetz, ohne besondere Ausführungsbestimmungen zu treffen, die Gerichte verpflichtet hat, Rechtshülfe zu gewähren", so spricht, wie gesagt, der Mangel der „Ausführungsbestimmungen" nicht für, sondern gegen die Anwendbarkeit des GVG. Und wenn das Reichsgericht weiter — in Frage stand ein Ersuchen um Erteilung der Vollstreckungsklausel zu den in einem Patentnichtigkeitsverfahren ergangenen Kostenfestsetzungsbeschlüssen — betont [1]), bei der in Frage stehenden Tätigkeit des Patentamts, mit Bezug auf welche Rechtshülfe begehrt werde, komme eine ihrer Bedeutung nach der Tätigkeit der Zivilgerichte im wesentlichen gleiche in Betracht, so ist dieser Gesichtspunkt überhaupt nicht verwertbar. Gleiches gilt ja auch für die besonderen Gerichte, und doch regelt sich ihr Rechtshülfeverkehr — von den Militärgerichten abgesehen, für die EGMStGO. gilt — nicht nach dem GVG., sondern nach dem Rechtshülfegesetz von 1869.

Nach alledem ist der Schluß unabweislich, daß die Bestimmungen des GVG. über Rechtshülfe nur da Anwendung zu finden haben, wo ihre Anwendbarkeit besonders von Reichs wegen angeordnet ist. Aber auch das Rechtshülfegesetz von 1869 kann für die Ersuchen anderer als gerichtlicher Behörden nicht

---

[1]) a. a. O.

angewandt werden, da die Rechtshülfeberechtigung ihren Träger noch keineswegs den Gerichten gleichstellt. Das Rechtshülfegesetz betrifft ferner nur die Rechtshülfe in bürgerlichen Rechtsstreitigkeiten und in Strafsachen, also weder die Rechtshülfe in Angelegenheiten eines besonderen Gerichts, das über Ansprüche auf lediglich öffentlich rechtlicher Grundlage zu entscheiden hat, noch die Rechtshülfe in ehrengerichtlichen Angelegenheiten. Das Rechtshülfegesetz kommt also weder für die Schiedsgerichte der Arbeiterversicherung noch für die Börsenehrengerichte und die Ehrengerichte bei (dem Heer,) der Marine und den Schutztruppen in Betracht.

Abteilung I:

Gerichtsverfassungsgesetz und seine Bestimmungen für anwendbar erklärende Gesetze.

Die Abteilung I enthält außer dem GVG. die seine Bestimmungen ausdrücklich für anwendbar erklärenden Gesetze. Eingereiht ist auch das Gesetz, betreffend die Prisengerichtsbarkeit, weil die auf Grund desselben ergangene Blokadeverordnung von 1889 das Rechtshülferecht des GVG. für anwendbar erklärte, und die gedachte Verordnung für eine etwaige spätere Kaiserliche Verordnung offenbar vorbildlich sein wird. Die RAO. ist an den Schluß gestellt, weil sie das einzige Gesetz ist, das die Geltung der Rechtshülfenormen des GVG. auf Disziplinarverfahren von Reichs wegen erstreckt.

I. Gerichtsverfassungsgesetz.

Vom 27. Januar 1877.

In der Fassung vom 20. Mai 1898 (RGBl. 371).

Dreizehnter Titel.

Rechtshülfe.

§ 157. Die Gerichte haben sich in bürgerlichen Rechtsstreitigkeiten und in Strafsachen Rechtshülfe zu leisten.

§ 158. Das Ersuchen um Rechtshülfe ist an das Amtsgericht zu richten, in dessen Bezirke die Amtshandlung vorgenommen werden soll.

1. Die §§ 157, 158 regeln den Begriff der Rechtshülfe, für die die Bestimmungen der §§ 159, 160 gelten, fortan als „Rechtshülfe" bezeichnet.

2. Betroffen ist nur die Rechtshülfe zwischen den ordentlichen Gerichten untereinander, nicht auch die Rechtshülfe

a) im Verkehr mit der Staatsanwaltschaft. Ersuchen nach § 160 StPO. sind keine Ersuchen um „Rechtshülfe". RGRspr. **9** 419 (III. StS. 12. 7. 87); SächsOLG. **20** 97/8 (29. 12. 98);

b) gegenüber den Verwaltungsbehörden im Verwaltungsstrafverfahren. RGRspr. **9** 419 (III. StS. 12. 7. 87); OLGMünchenSt. **4** 579/80 (11. 11. 87), **8** 284/5 (7. 2. 95) [die Verwaltungsbehörde hatte ihr Ersuchen durch Vermittelung eines Gerichts ihres Amtssitzes gestellt]; OLG. Colmar ElsLothrZ. **23** 460/1 (26. 3. 98);

c) im Verhältnis zu Disziplinarbehörden. OLG. Frankfurt a. M. FrankfRundsch. **89** 71 (1. 2. 88), **91** 82 (29. 5. 89); RGSt. **19** 442/3 (I. StS. 21. 10. 89); RG. JW. **91** 294/5 (I. StS. 9. 4. 91); OLG. Breslau GoltdArch. **51** 374 (31. 3. 03). Inwieweit kraft Landesrechts die Bestimmungen des GVG. zur entsprechenden Anwendung zu bringen sind, ist hier nicht zu erörtern. OLG. Frankfurt a. M. FrankfRundsch. **96** 182/9 (12. 12. 96) hält die analoge Anwendung bei Ersuchen von Reichsdisziplinarbehörden für angezeigt, was doch nur kraft Reichsrechts möglich wäre. Das OLG. läßt bei der analogen Anwendung des GVG. im Gegensatze zu § 159 GVG. den ersuchten Richter prüfen, „ob die ersuchende Behörde innerhalb ihrer Zuständigkeit gehandelt, und ob das Ersuchen um die vorzunehmende Handlung selbst gesetzlich statthaft erscheint." M. a. W. das OLG. wendet bei der Prüfung des Ersuchens den § 160 StPO. entsprechend an und nimmt damit selbst der Anwendung des GVG. jeden Halt fort. S. dagegen OLG. Colmar ElsLothrZ. **19** 90/1 (11. 7. 93), das betreffs der Ersuchen der Disziplinarkammern und Disziplinarbehörden des Reichs RHG. und Landesrecht anwendet.

d) Die §§ 157, 158 kommen endlich auch nicht zur Anwendung, wenn ein Schiedsgericht eine richterliche Handlung für erforderlich hält, und eine Partei auf Vornahme der Handlung bei dem zuständigen Gerichte gemäß § 1036 ZPO. anträgt. LG. Berlin I KGBl. **98** 86 (9. 7. 98). Natürlich kann das angegangene Gericht selbst die Rechtshülfe eines anderen Gerichts in Anspruch nehmen.

3. Auch im Verkehr der ordentlichen Gerichte ist nur die Rechtshülfe in bürgerlichen Rechtsstreitigkeiten und in Strafsachen „Rechtshülfe".

a) Zu den bürgerlichen Rechtsstreitigkeiten gehören auch die Konkurssachen, sowie das Verfahren der Zwangsversteigerung und Zwangsverwaltung;

b) In Disziplinarsachen, die vor den ordentlichen Gerichten sich abspielen, findet „Rechtshülfe" nach Reichsrecht nicht statt.

4. „Rechtshülfe" liegt nur vor,

I. wenn das Ersuchen eine Tätigkeit betrifft, die an sich das ersuchende Gericht vorzunehmen berechtigt wäre (abstrakte Zuständigkeit des ersuchenden Gerichts). RGSt. **20** 103 (I. StS. 9. 12. 89); OLG. Jena OLGRspr. **1** 194/5 (28. 3. 00); OLG. Rostock OLGRspr. **1** 34 (7. 5. 00); OLG. Hamm OLGRspr. **2** 236/7 (15. 12. 00); OLG. Rostock DJZ. **6** 512 (28. 1. 01);

OLG. Zweibrücken OLGRspr. **3** 420 (23. 10. 01); OLG. Karlsruhe OLGRspr. **4** 219 (5. 12. 01); OLG. Colmar OLGRspr. **4** 221 (26. 2. 02); OLG. Jena OLGRspr. **5** 263 (3. 5. 02); OLG. Dresden OLGRspr. **6** 498 (30. 9. 02); OLG. Cassel OLGRspr. **9** 374/5 (9. 9. 04);

II. wenn ferner die nachgesuchte Tätigkeit eine solche ist, die das ersuchende Gericht nicht selbst vorzunehmen genötigt ist, die es vielmehr an seiner Stelle durch ein anderes Gericht vornehmen lassen kann (abstrakte Zuständigkeit des ersuchten Gerichts) OLG. Jena SeuffA. **52** 341 (19. 10. 96), und wenn

III. die nachgesuchte Tätigkeit im Bezirke des ersuchten Gerichts vorgenommen werden soll. Nicht notwendig ist es, daß die Handlung außerhalb des Bezirkes des ersuchenden Gerichts vorzunehmen ist. Ein Ersuchen um „Rechtshülfe" ist auch gegeben, wenn ersuchendes und ersuchtes Gericht am gleichen Orte sich befinden. KGJ. **1** 174 (9. 3. 80). Derartigen Ersuchen ist aber als ungehörig im Aufsichtswege entgegenzutreten. Dem Untersuchungsrichter benimmt § 183 Satz 3 StPO. die Möglichkeit, solche Ersuchen zu erlassen.

Die abstrakte Zuständigkeit des ersuchten Gerichts ist gegeben

a) bei Ersuchen um Entgegennahme der Erklärung über die Echtheit einer Unterschrift und den Inhalt eines Schriftsatzes. OLG. Zweibrücken OLGRspr. **3** 315 (2. 10. 00);

b) bei Ersuchen um Entgegennahme von Erklärungen einer persönlich zu hörenden Partei hinsichtlich der Einträge in den von ihr vorzulegenden Geschäftsbüchern. OLG. Frankfurt a. M. FrankfRundsch. **92** 104 (24. 5. 92);

c) bei Ersuchen um Vernehmung von Zeugen, die vor Befinden über ein Armenrechtsgesuch gehört werden sollen. OLG. Colmar ElsLothrZ. **23** 506 (30. 4. 98); OLG. Hamm OLGRspr. **2** 237/8 (3. 12. 00);

d) bei Ersuchen des Konkursgerichts, dem Gemeinschuldner den Offenbarungseid aus § 125 KO. abzunehmen. OLG. Cöln RheinARB. **13** 6/9 (11. 1. 95).

Die abstrakte Zuständigkeit des ersuchten Gerichts ist nicht gegeben

a) bei dem Ersuchen um Ladungen und Zustellungen wegen § 161 GVG. RGZ. **25** 365 (IV. ZS. 19. 12. 89); OLG. Hamburg SeuffA. **45** 90/2 (ohne Datum); SächsOLG. **25** 1/2 (2.4.03). Das gleiche gilt bei Ersuchen um sonstige Bekanntgabe von Entscheidungen oder Rechtsbelehrungen. All dieses hat nämlich das zuständige Gericht von seinem Amtssitze aus zu bewirken. OLG. Jena SeuffA. **52** 341 (19. 10. 96); OLG. Rostock OLGRspr. **6** 497/8 (28. 5. 03), **8** 2 (7. 12. 03); OLG. Cassel OLGRspr. **10** 20/21 (26. 9. 04). Dagegen hält OLG. Augsburg OLGRspr. **3** 314/5 (16. 10. 01) ein Ersuchen um „Rechtshülfe" für gegeben, wenn im amtsgerichtlichen Zivilprozesse ersucht wird, betreffs eines nicht formgerechten Einspruchs „den Beklagten sachgemäß zu bescheiden und ev. formrichtigen Einspruch aufzunehmen". Die Entscheidung ist unhaltbar;

b) bei dem Ersuchen um Vollstreckungen, einschließlich derjenigen von Geldstrafen aller Art, dagegen ausschließlich derjenigen von Freiheitsstrafen (betreffs dieser s. Anm. 5), gemäß § 161 GVG. SächsOLG. **2** 200/1 (12. 5. 80), RGZ. **25** 365/6 (IV. ZS. 19. 12. 89), OLG. Hamburg HansGZ. **94** 132 (28. 11. 93): Geldstrafen und gleichzeitig beizutreibende Gerichtskosten (NB. § 5 BRAnw. 23. 4. 80 RZBl. 278); RGSt. **26** 339/40 (I. StS. 22. 12. 94): Haftbefehl; OLG. Frankfurt a. M. FrankfRundsch. **94** 268 (2. 1. 95): Geldstrafen; OLG. Jena ThürBl. **46** 238/9 (9. und 16. 8. 98). Vgl. ferner SächsOLG. **24** 293 (29. 5. 02): Vorführung eines an anderem Ort in Haft befindlichen Angeklagten vor das erkennende Strafgericht;

c) bei dem Ersuchen um Erlaß von Entscheidungen, da diese Tätigkeit durch das zuständige Gericht selbst von seinem Amtssitze aus zu bewirken und nicht einem anderen Gerichte übertragbar ist. OLG. Cöln RheinArch. **68** Abt. II 4 (21. 11. 83); OLG. Jena OLGRspr. **5** 263 (3. 5. 02); OLG. Königsberg OLGRspr. **8** 1/2 (15. 5. 03); OLG. Posen PosJMSchr. **03** 96 (15. 5. 03). Hierher gehört auch der Fall, daß neben dem Prozeßgerichte der ersuchte Richter zur Fällung von Entscheidungen ermächtigt, aber nicht verpflichtet ist (vgl. § 400 ZPO.). OLG. Posen PosJMSchr. **00** 91 (3. 1 00);

d) bei Ersuchen um Tätigkeiten, die von der Gerichtsschreiberei erledigt werden sollen. OLG. Cöln RheinARB. 9 50 (13. 11. 90); OLG. Hamburg SeuffA. **45** 90/2 (ohne Datum); OLG. Colmar Recht **04** 634 Nr. 2763 (16. 11. 04). S. auch OLG. Augsburg bei a) a. E.;

e) bei Ersuchen um Rechtsauskunft OLG. Colmar Recht **03** 161 Nr. 884 (25. 3. 02) oder um Aktenübersendung OLG. Augsburg OLGRspr. **9** 147 (6. 4. 04), weil in diesen Fällen von einer im Bezirke des ersuchten Gerichts zu entwickelnden Tätigkeit keine Rede sein kann.

5. „Rechtshülfe" liegt nicht vor bei Ersuchen um Vollstreckung von Freiheitsstrafen. Hier greift § 164 GVG. ein. S. diesen §.

§ 159. Das Ersuchen darf nicht abgelehnt werden. Das Ersuchen eines nicht im Instanzenzuge vorgesetzten Gerichts ist jedoch abzulehnen, wenn dem ersuchten Gerichte die örtliche Zuständigkeit mangelt, oder die vorzunehmende Handlung nach dem Rechte des ersuchten Gerichts verboten ist.

1. § 159 betrifft nur Ersuchen um „Rechtshülfe". Andere Ersuchen sind, auch wenn sie von einem dem ersuchten Richter im Instanzenzuge vorgesetzten Gerichte ausgehen, ablehnbar. HansOLG. 613/4 (21. 6. 81) hat einem Ersuchen, eine subsidiäre Freiheitsstrafe zu vollstrecken, falls die primäre Geldstrafe unbeitreiblich sein sollte, dahin aufgeholfen, daß es das Amtsgericht anwies, durch Vermittelung seiner Gerichtsschreiberei einen Gerichtsvollzieher mit Beitreibung der Geldstrafe zu beauftragen und, wenn die Beitreibung nicht zu bewirken sein sollte, das Ersuchen der Staatsanwaltschaft zur Vollstreckung der subsidiären Freiheitsstrafe zu überweisen. Gewiß wäre nun das Amtsgericht berechtigt gewesen, so zu helfen. Das OLG. war dazu, da ein Fall der „Rechtshülfe" nicht vorlag, dagegen nicht in der Lage.

2. Das Ersuchen um „Rechtshülfe" muß ferner derart gestellt sein, „daß daraufhin die verlangte Tätigkeit von dem ersuchten Richter prozeßordnungsmäßig vorgenommen werden kann". OLG. Braunschweig SeuffA. **47** 224 (20. 10. 90).

Das ist nicht der Fall,

a) wenn überhaupt nicht ersichtlich ist, um welche Tätigkeit ersucht wird. OLG. Cassel OLGRspr. **2** 392 (25. 2. 01), **9** 145 (21. 3. 04);

b) wenn im Zivilprozeß das ersuchende Gericht im Beweisbeschlusse, statt die streitigen Tatsachen, über die die Zeugen vom ersuchten Richter vernommen werden sollen, zu bezeichnen, die Parteien lediglich „zu den von ihnen angebotenen Beweisen zugelassen" oder lediglich auf Klage und Sitzungsprotokoll verwiesen hat, weil in solchen Fällen bei Ladung der Zeugen der Vorschrift des § 377 Abs. 2 Nr. 2 ZPO. nicht genügt werden kann. RG. SeuffA. **55** 206 (II. ZS. 21. 11. 99); OLG. Braunschweig SeuffA. **47** 224 (20. 10. 90). Vgl. SächsOLG. **25** 374 (21. 7. 03). Nicht unbedenklich ist es, wenn OLG. Colmar OLGRspr. **11** 179/80 (29. 7. 05) es für genügend erachtet, daß im Sitzungsprotokoll ein kurzes und klares Beweiserbieten niedergelegt wird und darauf in dem im Protokolle unmittelbar sich anschließenden Beweisbeschlusse Bezug genommen wird;

c) wenn um kommissarische Vernehmung eines Zeugen oder Sachverständigen ersucht ist, und die Benachrichtigung vom Termin dem Angeklagten unter der angegebenen Adresse nicht zuzustellen war, auch weder Gefahr im Verzug vorliegt, noch erhellt, daß eine öffentliche Zustellung nach § 40 StPO. statthaft ist. OLG. Darmstadt HessRspr. **1** 123 (10. 10. 00).

Doch darf man bei der nach dem Eingang dieser Anm. 2 erforderlichen Prüfung nicht am Wortlaute des Ersuchens haften bleiben. „Die sachgemäße formelle Ergänzung eines mangelhaften Ersuchens in der zweifellos vom ersuchenden Gerichte gewollten und aus dem Gesetze sich ergebenden Richtung ist nicht verboten." OLG. Hamm OLGRspr. **1** 175/6 (12. 6. 00) [betrifft speziell Ergänzung einer Eidesnorm durch Einfügung der gesetzlichen Eingangs- und Schlußworte].

3. Liegen die in Anm. 1 und 2 erörterten Voraussetzungen vor, so darf das Ersuchen nicht abgelehnt werden, wenn das ersuchende Gericht dem ersuchten Amtsgerichte im Instanzenzuge vorgesetzt ist. Dabei kommt es nicht darauf an, ob das ersuchende Gericht als Rechtsmittelgericht fungiert oder nicht, und ob, wenn

jenes der Fall ist, ein Rechtsmittel gegen eine Entscheidung gerade des jetzt ersuchten Gerichts in Frage steht. Das Reichsgericht ist allen deutschen, das Oberste Landesgericht München allen bayerischen Amtsgerichten, die Land- und Oberlandesgerichte sind allen Amtsgerichten ihres Bezirks im Instanzenzuge vorgesetzt.

4. Geht dagegen das den Anm. 1 und 2 entsprechende Ersuchen von einem dem ersuchten Gerichte nicht im Instanzenzuge vorgesetzten Gerichte aus, so ist es abzulehnen, wenn

a) dem ersuchten Gerichte die örtliche Zuständigkeit mangelt oder

b) die vorzunehmende Handlung nach dem Rechte des ersuchten Gerichts verboten ist.

Liegt einer dieser Fälle vor, so ist das Ersuchen abzulehnen, d. h. es muß abgelehnt, es darf ihm nicht entsprochen werden.

Der Fall zu a ist zweifellos gegeben,

I. wenn das ersuchende Gericht sich über den Umfang des Bezirks des ersuchten Gerichts irrt, z. B. um Einnahme eines Augenscheins an einem Orte ersucht, der außerhalb des Bezirks des angegangenen Amtsgerichts liegt. Das sind aber naturgemäß höchst seltene Fälle, und es kann deshalb nicht angenommen werden, daß die Vorschrift sich lediglich hierauf bezieht. Sie begreift vielmehr weiter den Fall,

II. daß die zu vernehmende Auskunftsperson, das Augenscheinsobjekt 2c. sich nicht innerhalb des Bezirks des ersuchten Gerichts befinden. OLG. Darmstadt GoltdArch. **44** 422 (2. 7. 96). A. M. OLG. Jena ThürBl. **27** 369/70 (ohne Datum), **34** 86 (8. 12. 86); OLG. Colmar ElsLothrZ. **8** 276/8 (6. und 20. 4. 83); OLG. Colmar ElsLothrZ. **22** 226 (7. 12. 96), dem es genügt, daß der Gegenstand, nach dessen Besichtigung und Untersuchung der Sachverständige sein Gutachten erstatten soll, im Bezirke des ersuchten Amtsgerichts sich befindet; OLG. Colmar BadAnn. **59** 255/6 (ohne Datum) und GoltdArch. **51** 201 (30. 4. 01), dem es sogar nichts ausmacht, wenn der zu vernehmende Zeuge im Ausland wohnt [auch in den erwähnten Beschlüssen vom 6. und 20. 4. 83 traf dieser Umstand zu, ohne daß das OLG. ihm einen Einfluß auf die Entscheidung einräumte]; OLG. Karlsruhe

BadRpr. **03** 1 (21. 10. 02). Legt man bei der Zuständigkeitsfrage nur Wert darauf, daß der Zeuge im Bezirke des betreffenden Amtsgerichts vernommen werden soll, so kann nicht nur ein Amtsgericht ersucht werden, den in seinem Bezirke wohnenden A dem außerhalb wohnenden B gegenüberzustellen, sondern auch die Gegenüberstellung zu bewirken, wenn beide Personen außerhalb des Gerichtsbezirks sich aufhalten. Es muß aber ferner, auch abgesehen von dem Falle der Gegenüberstellung z. B. ein elsaß-lothringisches Amtsgericht auf Ersuchen einen Zeugen aus Memel vorladen und vernehmen, weil das ersuchende Gericht sich von der Vernehmung durch den elsaß-lothringischen Richter ein ausführlicheres Protokoll verspricht, als von dem preußischen Richter und deshalb jenen, nicht diesen um Rechtshülfe ersucht hat. Das wäre aber reine Willkür.

Der Fall zu b — das Gesetz denkt auch an Verschiedenheiten des Rechts im Bezirke des ersuchenden und des ersuchten Gerichts, ohne solche Verschiedenheiten zur wesentlichen Voraussetzung zu machen — ist stets gegeben, wenn der Gegenstand des Ersuchens eine Handlung bildet, „welche nach dem Prozeßgesetze unstatthaft ist, gleichviel ob ein ausdrückliches Verbot vorliegt oder die Handlung darum für unstatthaft zu achten ist, weil sie klaren Rechtsgrundsätzen widerstreitet". RG. JW. **86** 113 (IV. ZS. 1. 3. 86). Ebenso OLG. Augsburg OLGRspr. **9** 147/8 (4. 2. 04). Vgl. auch OLG. Colmar ElsLothrZ. **22** 149 (21. 7. 96).

Dies trifft zu

I. bei Ersuchen um Vernehmung des gesetzlichen Vertreters einer minderjährigen Partei als Zeugen RG. JW. **86** 113 (IV. ZS. 1. 3. 86), ebenso bei Ersuchen, eine Partei selbst als Zeugen zu vernehmen. SächsOLG. **25** 374 (21. 7. 03);

II. bei Ersuchen, die Eidesleistung eines zu den im § 383 1 bis 3 ZPO. genannten Angehörigen zählenden Zeugen, der sein Zeugnis verweigert hat, nach § 390 ZPO. zu erzwingen, bevor ein Zwischenurteil nach § 387 ZPO. ergangen und rechtskräftig geworden ist. OLG. Colmar DJZ. **7** 560 (12. 6. 01), vgl. SächsOLG. **25** 78/9 (11. 5. 03);

III. bei Ersuchen eines bürgerlichen Strafgerichts an ein

Amtsgericht, eine Person des Soldatenstandes als Angeschuldigten wegen einer strafbaren Handlung zu vernehmen, betreffs deren ausschließlich die Militärgerichtsbarkeit begründet ist. OLG. Colmar ElsLothrZ. **18** 327/8 (14. 1. 93), vgl. OLG. Cöln RheinArch. **88** Abt. I 92/5 (7. 12. 94);

IV. bei Ersuchen, im Zivilprozesse eine Partei zwecks Glaubhaftmachung unter eidesstattlicher Versicherung ihrer Angaben zu vernehmen, ohne daß die Tatsachen bezeichnet sind, die eidesstattlich versichert werden sollen. OLG. Colmar ElsLothrZ. **22** 149/151 (21. 7. 96).

Dagegen darf

A. der ersuchte Richter nicht die konkrete Zuständigkeit des ersuchenden Richters nachprüfen. OLG. Stuttgart OLGRspr. **6** 495 (22. 12. 02); OLG. Hamburg OLGRspr. **8** 1 (14. 11. 03);

B. Der ersuchte Richter darf ferner nicht nachprüfen, ob im konkreten Falle ein Anlaß zur Inanspruchnahme von „Rechtshülfe" überhaupt oder der gerade begehrten „Rechtshülfe" gegeben ist. RG. BolzePr. **2** 368 Nr. 1431 (IV. ZS. 23. 11. 85); HansOLG. 615/6 (17. 2. 85), 647 (10. 10. 93); OLG. Stuttgart WürttJ. **2** 42 (27. 6. 88); OLG. Cöln RheinARB. **9** 20 (23. 4. 90), **13** 136 (16. 10. 95); OLGMünchenSt. **9** 85 (22. 2. 96); OLG. Posen PosJMSchr. **00** 8 (23. 10. 99); OLG. Darmstadt DJZ. **6** 392 (31. 8. 00); OLG. Colmar GoltdArch. **51** 202 (16. 11. und 9. 12. 01); OLG. Karlsruhe BadRpr. **03** 1 (21. 10. 02); OLG. Cöln RheinArch. **90** Abt. I 16 (13. 12. 95).

Weitere Fälle, in denen eine verbotene Handlung nicht vorliegt:

a. OLG. Colmar Recht **04** 533 Nr. 2342 (27. 9. 04): Ersuchen eines Untersuchungsrichters um eidliche Vernehmung eines Zeugen unter Hinweis auf die als Grundlage für die Auslieferung beeidigte Zeugenaussagen fordernde Bestimmung eines Auslieferungsvertrags nicht mangels Gegebenseins der Voraussetzungen des § 65 StPO. ablehnbar. Vgl. auch OLG. Posen PosJMSchr. **03** 26 (27. 12. 02). Vgl. ferner SächsOLG. **23** 7/10 (19. 9. 01) [eidliche Vernehmung von Zeugen zur Glaubhaftmachung im Strafprozeß ohne Vorliegen der Voraussetzungen des § 65 StPO.], **3** 193/5 (6. 12. 80) [Ersuchen des mit der

Strafvollstreckung betrauten Amtsgerichts, zur Ermöglichung der Beurteilung, ob Sachen der Einziehung unterliegen, Zeugen eidlich zu vernehmen. Der ersuchte Richter hat sich nur zu fragen, „ob die Handlung, auf deren Vornahme das Ersuchen gerichtet ist, an sich und losgelöst von den Verhältnissen des untergebenen Falles nach dem für ihn maßgebenden Rechte zulässig sei." A. a. O. 195];

β. OLG. Königsberg OLGRspr. **3** 35 (3. 5. 01): Ersuchen um Vernehmung außerhalb der Gerichtsstelle bei durch ärztliche Bescheinigung nachgewiesener Unmöglichkeit des zu Vernehmenden, an Gerichtsstelle zu erscheinen;

γ. HansOLG. 647 (10. 10. 93): Beeidigung eines Sachverständigen nach Erhebung der Anklage, aber vor Eröffnung des Hauptverfahrens;

δ. RG. SächsArch. **4** 728/30 (I. ZS. 3. 10. 94): Ersuchen um Herbeiführung der vorläufig uneidlichen Erstattung eines Gutachtens (nicht unbedenklich);

ε. OLG. Colmar OLGRspr. **9** 439/40 (5. 10. 04): Ersuchen auf Grund eines Beschlusses, der während der Ferien in einer Nichtferiensache ergangen ist. (Dagegen würde eine verbotene Handlung in Frage stehen, wenn die Erledigung des Ersuchens während der Ferien erfolgen sollte);

ζ. OLG. Frankfurt a. M. FrankfRundsch. **92** 105 (24. 5. 92): Anordnung des persönlichen Erscheinens einer Partei vor ersuchtem Richter und daran sich anschließendes Ersuchen in Fällen, in denen die ZPO. nicht ausdrücklich diese Anordnung zuläßt. Einen ähnlichen Fall behandelt OLG. Jena ThürBl. **34** 86 (8. 12. 86);

η. OLG. Colmar ElsLothrZ. **23** 506 (30. 4. 98), OLG. Hamm OLGRspr. **2** 238 (3. 12. 00): Ersuchen um Vernehmung von Zeugen vor Befinden über ein Armenrechtsgesuch;

ϑ. OLG. Cöln RheinArch. **87** Abt. **I** 94/5 (28. 2. 94) hält ein Ersuchen, in einem Zivilprozesse eine Partei persönlich über einen Vergleichsvorschlag des Gegners zu hören, für ein Ersuchen um Vornahme einer verbotenen Handlung, weil es „dem Grundsatze der Mündlichkeit nicht entspreche, die eine Partei in Abwesenheit der anderen über einen Vergleichsvorschlag vernehmen zu lassen". Die Entscheidung ist wohl nicht haltbar;

ι. OLG. Rostock MecklZ. **7** 157/9 (18. 1. 88): Der ersuchte Richter darf die Beeidigung eines kommissarisch zu vernehmenden Zeugen nicht deshalb ablehnen, weil er ihn im Gegensatze zum ersuchenden Richter der Teilnahme an der den Gegenstand des Verfahrens und der Vernehmung bildenden Straftat für verdächtig hält. Einen ähnlichen Fall hat OLG. Kiel SchlHolstAnz. **44** 52 (31. 1. 80) entschieden.

5. Eine Ablehnung des Ersuchens liegt nicht nur vor, wenn das ersuchte Gericht jede Tätigkeit weigert, sondern auch wenn über die begehrte Art der Ausführung zwischen dem ersuchenden und dem ersuchten Gerichte Streit entsteht.

Danach liegt eine Ablehnung des Ersuchens auch vor,

a) wenn der ersuchte Richter die Erledigung von Erfüllung dem ersuchenden Gerichte gemachter Auflagen abhängig macht. OLG. Braunschweig SeuffA. **47** 223 (20. 10. 90);

b) wenn der ersuchte Richter im Zivilprozesse die Ladung von Zeugen und Sachverständigen seinerseits von Zahlung eines Auslagenvorschusses abhängig macht. OLG. Nürnberg SeuffA. **39** 221 (4. 1. 82); OLG. Hamburg SeuffA. **37** 471 (12. 6. 82); SächsOLG. **6** 525/8 (26. 11. 84);

c) wenn sonst über die Ausführung des Ersuchens zwischen den beiden Gerichten Streit entsteht. SächsOLG. **1** 40 (29. 10. 79), **23** 9 (19. 9. 01); RGSt. **24** 2 (I. StS. 13. 2. 93); OLG. Hamburg OLGRspr. **8** 2 (27. 5. 03), **9** 440 (26. 11. 04). Hierhin gehört auch der Fall, daß über Tragung der Rechtshülfekosten, eine Frage die durch § 165 GVG. geregelt ist, Streit entsteht. SächsOLG. **14** 197 (15. 12. 92); RGSt. **24** 2/3 (I. StS. 13. 2. 93); OLG. Hamburg OLGRspr. **8** 2 (27. 5. 03). A. M. HansOLG. 617 (4. 3. 84);

d) wenn der ersuchte Richter einen Zeugen ꝛc. zwar vernommen, aber kein den Formvorschriften der Prozeßordnungen entsprechendes Protokoll aufgenommen hat und sich weigert, die Formmängel zu beseitigen. OLG. Dresden NaumburgAK. **83** 198 (9. 8. 81), das allerdings den Grundsatz im speziellen Falle falsch angewandt hat: ein vom Richter geschriebenes, von ihm und dem Gerichtsschreiber unterschriebenes Protokoll genügt den §§ 159 fg. ZPO. Dies nimmt übrigens jetzt, vgl. SächsOLG. **25** 79/82 (11. 5. 03), auch das OLG. Dresden an. Einen ähnlichen Fall, wie den angeführten, behandelt SächsOLG. **20** 181/2 (5. 12. 98): Protokoll über Vernehmung eines zu Entmündigenden;

e) wenn der ersuchte Richter Hindernisse, die sich der Erledigung des Ersuchens in den Weg stellen, nicht beseitigt, obwohl er sie beseitigen könnte. OLG. Cöln RheinArch. **88** Abt. I 120 (5. 12. 94), das den ersuchten Richter für verpflichtet hält, wenn die Ladung unter der angegebenen Adresse nicht bestellt werden kann, die richtige Wohnung durch Anfrage beim Einwohnermeldeamte zu ermitteln (bedenklich).

§ 160. Wird das Ersuchen abgelehnt, oder wird der Vorschrift des § 159 Abs. 2 zuwider dem Ersuchen stattgegeben, so entscheidet das Oberlandesgericht, zu dessen Bezirke das ersuchte Gericht gehört. Eine Anfechtung dieser Entscheidung findet nur statt, wenn dieselbe die Rechtshülfe für unzulässig erklärt, und das ersuchende und das ersuchte Gericht den Bezirken verschiedener Oberlandesgerichte angehören. Ueber die Beschwerde entscheidet das Reichsgericht.

Die Entscheidungen erfolgen auf Antrag der Betheiligten oder des ersuchenden Gerichts ohne vorgängige mündliche Verhandlung.

1. Der § 160 regelt die Anfechtung der Entscheidung des ersuchten Richters über die Zulässigkeit der Rechtshülfe d. h. über die Frage, ob dem Ersuchen stattzugeben ist oder nicht, nicht dagegen die Anfechtung sonstiger Entscheidungen des ersuchten Richters, die vielmehr den gewöhnlichen Normen der Prozeßgesetze unterliegt.

Der § 160 betrifft weiter nur den Instanzenzug über die Frage der Zulässigkeit der „Rechtshülfe".

2. Die Entscheidung über die Zulässigkeit der „Rechtshülfe" erfolgt

a) bei Ablehnung des Ersuchens durch die Verfügung oder den Beschluß des ersuchten Richters, in denen diese Ablehnung direkt oder indirekt enthalten ist (vgl. darüber Anm. 5 zu § 159 GVG.),

b) bei Gewährung des Ersuchens durch die Vornahme der begehrten Tätigkeit, aber auch durch alle notwendig auf ihre Vornahme abzielenden Schritte, z. B. durch die Anordnung der Ladung des zu vernehmenden Zeugen.

3. Die durch das ersuchte Gericht gegenüber dem im Instanzenzuge vorgesetzten, ersuchenden Gerichte erfolgende Gewährung der „Rechtshülfe" ist mit den Beschwerden des § 160 nicht anfechtbar. Bei Gewährung der „Rechtshülfe" sind die Rechtsmittel des § 160 nur gegeben, wenn „der Vorschrift des § 159 Abs. 2 zuwider dem Ersuchen stattgegeben" wird, also nur im Falle das Ersuchen von einem dem ersuchten Gerichte nicht im Instanzenzuge vorgesetzten Gerichte ausgeht. Dagegen unterliegt die Ablehnung des Ersuchens auch dann der Anfechtung mit den Rechtsmitteln des § 160, wenn das ersuchende Gericht dem ersuchten im Instanzenzuge vorgesetzt ist: § 160 spricht ohne Einschränkung von dem Falle, daß das Ersuchen abgelehnt wird, während er bei Anfechtung der Gewährung des Ersuchens die oben gedachte Beschränkung macht. Zu Unrecht verweist deshalb KGJ. **1** 173/4 (9. 3. 80) das im Instanzenzuge vorgesetzte Gericht auf Abhülfe im Aufsichtswege, entzieht ihm also die Möglichkeit, das Reichsgericht anzurufen. Richtig ist allerdings, daß das Ersuchen des im Instanzenzuge vorgesetzten Gerichts nicht abgelehnt werden darf, oder doch auch nur, wenn es (vgl. Anm. 2 zu § 159 GVG.) inhaltlich so beschaffen ist, daß ihm prozessual genügt werden kann. Weshalb dies dort die Gerichte und hier die Aufsichtsinstanz zu prüfen haben sollte, ist nicht einzusehen. Ein Anhalt für die gedachte Ansicht ist dem Gesetz selbst nicht zu entnehmen.

4. Die zur Anfechtung gegebenen Rechtsmittel sind an eine

Frist oder Form nicht gebunden. Die Beschränkungen der weiteren Beschwerde in § 568 ZPO. und in § 352 StPO. finden keine Anwendung. Das Gesetz nennt Beschwerde nur das an das Reichsgericht gerichtete Rechtsmittel, beim Oberlandesgericht spricht es lediglich von dessen Entscheidung. In Wahrheit ist hier Beschwerde und dort weitere Beschwerde gegeben.

5. Die Rechtsmittel stehen zu

a) bei Gewährung des Ersuchens nur den „Beteiligten", denn das ersuchende Gericht ist durch Erfüllung seines Ersuchens nicht beschwert,

b) bei Ablehnung des Ersuchens den „Beteiligten" und dem ersuchenden Gerichte.

„Beteiligte" sind alle Personen, welche ein rechtliches Interesse an Aufhebung der getroffenen Entscheidung haben. In dieser Beziehung kommen in Betracht im Zivilprozeß die Parteien, die Haupt- und Nebenintervenienten, im Strafprozeß der Angeklagte, die Staatsanwaltschaft, der Privat- und der Nebenkläger, die Verwaltungsbehörde, die selbständig Anklage erhoben hat, die Einziehungsinteressenten. Soll die Gewährung des Ersuchens angefochten werden, so kommen weiter als „Beteiligte" die Zeugen und Sachverständigen in Betracht, die vernommen werden sollen, vgl. OLG. Frankfurt a. M. FrankfRundsch. **06** 182 fg. (12. 12. 96).

Ist das ersuchende Gericht ein Kollegialgericht, so hat die Kammer oder der Senat, nicht etwa der Vorsitzende, die Beschwerde zu erheben.

6. Zur Entscheidung über die Beschwerde ist das dem ersuchten Richter übergeordnete Oberlandesgericht berufen. Da das Gesetz die Anrufung der Entscheidung des Oberlandesgerichts nicht als Beschwerde bezeichnet, kann die bezügliche Tätigkeit der Oberlandesgerichte in Strafsachen nicht landesgesetzlich gemäß § 9 EGGVG. e i n e m Oberlandesgerichte für den ganzen Bundesstaat oder einem obersten Landesgerichte zugewiesen werden. RG. OLGMünchenSt. **2** 244/5 (25. 9. 82, Angabe des Senats fehlt); OLGMünchenSt. **2** 243/4 (12. 9. 82).

Das gedachte Oberlandesgericht hat auch zu entscheiden, wenn es selbst ersuchendes Gericht ist. Es muß aber dann ein anderer

Senat als derjenige entscheiden, der das Ersuchen gestellt hat. Der ersuchende Senat muß als an der Entscheidung rechtlich verhindert angesehen werden, so daß nötigenfalls sogar gemäß § 36 ZPO. und § 15 StPO. das Reichsgericht ein anderes Oberlandesgericht mit der Entscheidung zu betrauen in die Lage kommen kann.

7. Die Entscheidung über die Beschwerde erfolgt stets ohne mündliche Verhandlung. Vor der Entscheidung kann das Oberlandesgericht noch etwa erforderliche Erhebungen machen oder machen lassen.

8. Die Entscheidung des Oberlandesgerichts ist der Anfechtung mit der weiteren Beschwerde nur unterworfen,

a) wenn sie die Rechtshülfe für unzulässig erklärt, und zugleich

b) ersuchendes und ersuchtes Gericht den Bezirken verschiedener Oberlandesgerichte angehören.

Die Voraussetzung zu b muß zur Zeit des Erlasses der oberlandesgerichtlichen Entscheidung gegeben sein. Spätere Bezirksveränderungen können die Anfechtbarkeit nicht schaffen.

Die Voraussetzung zu a ist nicht gegeben, wenn das Oberlandesgericht der Beschwerde deshalb nicht entsprochen hat, weil das ersuchte Amtsgericht seines Erachtens alles getan hat, was es zur Erledigung des Ersuchens zu tun in der Lage gewesen: denn dann hat das Oberlandesgericht die Rechtshülfe gerade für zulässig, das Rechtshülfeersuchen aber für erledigt angesehen. RG. JW. **97** 528/9 (IV. ZS. 16. 9. 97).

Zur Entscheidung über die weitere Beschwerde ist das RG. berufen. An dessen Stelle kann gemäß § 8 Abs. 1 EGGVG. ein ObLG. treten.

9. Die Entscheidungen erfolgen durch einen Zivil- oder Strafsenat, je nachdem eine Zivil- oder Strafsache es ist, in der um Rechtshülfe ersucht ist. In Strafsachen ist vor der Entscheidung die Staatsanwaltschaft des OLG. oder des RG. zu hören (§ 33 StPO.).

§ 161. Die Herbeiführung der zum Zwecke von Vollstreckungen, Ladungen und Zustellungen erforder-

lichen Handlungen erfolgt nach Vorschrift der Prozeßordnungen ohne Rücksicht darauf, ob die Handlungen in dem Bundesstaate, welchem das Prozeßgericht angehört, oder in einem anderen Bundesstaate vorzunehmen sind.

§ 162. Gerichte, Staatsanwaltschaften und Gerichtsschreiber können wegen Ertheilung eines Auftrags an einen Gerichtsvollzieher die Mitwirkung des Gerichtsschreibers des Amtsgerichts in Anspruch nehmen, in dessen Bezirke der Auftrag ausgeführt werden soll. Der von dem Gerichtsschreiber beauftragte Gerichtsvollzieher gilt als unmittelbar beauftragt.

§ 161 nimmt in unzweideutiger Weise die in ihm genannten Tätigkeiten von dem Kreise der durch „Rechtshülfe" zu erledigenden aus. Die Mitwirkung des Gerichtsschreibers kann bei ihnen nach § 162 allerdings in Anspruch genommen werden, diese Mitwirkung ist aber keine Handlung der „Rechtshülfe". OLG. Hamburg HansGZ. **94** 282 (17. 1. 83); OLG. Cöln RheinARB. **9** 50 (13. 11. 90); OLG. Hamburg SeuffA. **45** 90/2 (ohne Datum). Der Standpunkt des OLG. Hamburg HansGZ. **94** 282/3 (28. 7. 86), das den von ihm als gegeben erachteten Fall eines Ersuchens aus § 162 selbst nicht als einen Fall der „Rechtshülfe" ansah, sich aber doch für die Beschwerde auf Grund des § 160 GVG. für zuständig hielt, ist offenbar in sich widerspruchsvoll.

§ 163. Eine Freiheitsstrafe, welche die Dauer von sechs Wochen nicht übersteigt, ist in demjenigen Bundesstaate zu vollstrecken, in welchem der Verurtheilte sich befindet.

§ 164. Soll eine Freiheitsstrafe in dem Bezirke eines anderen Gerichts vollstreckt oder ein in

dem Bezirke eines anderen Gerichts befindlicher Verurtheilter zum Zwecke der Strafverbüßung ergriffen und abgeliefert werden, so ist die Staatsanwaltschaft bei dem Landgerichte des Bezirks um die Ausführung zu ersuchen.

1. §§ 163, 164 regeln die zur Vollstreckung von Freiheitsstrafen erforderliche Rechtshülfe, die wir im Gegensatze zur „Rechtshülfe" als Vollstreckungsrechtshülfe bezeichnen wollen. Dabei unterfallen dem Begriffe der Freiheitsstrafen auch die Ordnungsstrafen der Reichsjustizgesetze und die Sitzungspolizeistrafen. LG. Frankfurt a. M. FrankfRundsch. **86** 249 (3. 9. 85): „Strafe der Haft" nach ZPO., nicht die Zwangshaft der ZPO. A. M. OLG. Jena SeuffA. **43** 89 (13. 7. 86) betreffs der Sitzungspolizeistrafen, da die StA. mit ihrer Vollstreckung nichts zu tun hat: allein § 181 GVG. steht doch nicht im Wege, da die StA. hier nur als Rechtshülfeorgan tätig wird. Wenn RGSt. **15** 230 (III. StS. 10./17. 1. 87) davon spricht, daß § 181 GVG. „bei der Vollstreckung der in §§ 178 fg. bezeichneten Ordnungsstrafen die Mitwirkung der Staatsanwaltschaft ausschließt", so ist dabei an einen Fall der Rechtshülfe, der damals gar nicht in Frage kam, offenbar nicht gedacht.

2. Die Vollstreckungsrechtshülfe wird geleistet entweder

a) durch Ergreifung und Ablieferung

oder

b) durch Strafvollstreckung.

Die Pflicht zu der einen Art der Vollstreckungsrechtshülfe schließt die Pflicht zu der anderen Art aus.

Das Gesetz regelt die Art der Vollstreckungsrechtshülfe nur für den Fall, daß Rechtshülfe zwischen Behörden verschiedener Bundesstaaten in Frage kommt. Innerhalb des einzelnen Bundesstaates kommt Landesrecht zur Anwendung.

Nach § 163 ist die Vollstreckungsrechtshülfe durch Strafvollstreckung zu leisten, wenn es sich um eine Freiheitsstrafe von einer 6 Wochen nicht übersteigenden Dauer handelt. Sie hat der Staat zu vollstrecken, „in welchem der Verurteilte sich befindet", gleichgültig ob dieser sich dauernd oder nur vorübergehend, freiwillig oder unfreiwillig dort befindet. Auf Einhaltung des § 163 hat der Verurteilte ein Recht, das er mit Aufsichtsbeschwerde verfolgen kann.

Bei Strafen über 6 Wochen ist nach GVG. die Vollstreckungsrechtshülfe durch Ergreifung und Ablieferung zu leisten. Allein hieran als dem für ihn erheblich Lästigeren hat der Verurteilte kein Interesse, einer Vollstreckung im Aufenthaltsstaate kann er nicht widersprechen.

Ob eine Strafe 6 Wochen übersteigt oder nicht übersteigt, bemißt sich bei verschiedenartigen, nebeneinander erkannten Freiheitsstrafen für jede Art gesondert, bei Freiheitsstrafen, die in verschiedenen Urteilen ausgesprochen und nicht auf eine Gesamtstrafe zurückgeführt sind, für jedes Urteil getrennt, bei in der Vollstreckung unterbrochenen Strafen nach dem ursprünglichen Maße.

3. Bei Gesamtstrafen, denen Einzelstrafen zugrunde liegen, die von Behörden verschiedener Bundesstaaten festgesetzt sind, kommen zur Geltung die vom Bundesrate durch Beschluß vom 11. Juni 1885 (RZBl. 270) genehmigten

„Grundsätze, welche in betreff der Vollstreckung einer auf Grund von § 79 des Strafgesetzbuchs oder § 492 der Strafprozeßordnung erkannten Gesamtstrafe, falls die Einzelstrafen von Gerichten verschiedener Bundesstaaten festgesetzt sind, zur Anwendung zu kommen haben, unbeschadet anderweiter Vereinbarung der beteiligten Bundesstaaten im einzelnen Falle.

1. Die Vollstreckung der Gesamtstrafe ist von demjenigen Bundesstaate zu bewirken, dessen Gericht dieselbe, sei es in der regelmäßigen Form, sei es in der Form einer sogenannten Zusatzstrafe, festgesetzt hat.
2. Auf Ersuchen der zuständigen Behörde des in Nr. 1 bezeichneten Staates ist die Vollstreckung von demjenigen Bundesstaate zu übernehmen, welcher nach dem Gesamtbetrage der von seinen Gerichten erkannten oder für verwirkt erachteten Einzelstrafen an der Gesamtstrafe am höchsten beteiligt ist. Bei Berechnung des Gesamtbetrages der Einzelstrafen sind der Art nach verschiedene Strafen nach ihrem gesetzlichen Geltungsverhältnis (§ 21 des Strafgesetzbuchs) in Anschlag zu bringen.

3. Sind mehrere Bundesstaaten mit einem gleichen Höchstbetrage an der Gesamtstrafe beteiligt, so ist, falls einer derselben bereits eine in die Gesamtstrafe einbezogene, ihr gleichartige Einzelstrafe vollstreckt, die Gesamtstrafe von diesem zu vollstrecken. Anderenfalls werden die bezeichneten Staaten sich darüber vereinigen, welcher von ihnen die Vollstreckung zu übernehmen hat.
4. In den Fällen der Nr. 3 werden die Kosten der Strafvollstreckung, als welche indes nur bare Auslagen in Rechnung gestellt werden sollen, von den mehreren höchstbeteiligten Staaten zu gleichen Teilen getragen.
   Im übrigen findet eine Erstattung von Kosten nicht statt.
5. Unberührt bleibt die Vorschrift im § 163 des Gerichtsverfassungsgesetzes. Der auf Grund dieser Vorschrift eine Gesamtstrafe vollstreckende Staat wird die nach § 165 des Gerichtsverfassungsgesetzes zu erstattenden Auslagen von demjenigen Staate ersetzt erhalten, der nach obigen Grundsätzen die Vollstreckung zu übernehmen hätte.
6. Vorstehende Grundsätze finden entsprechende Anwendung, wenn die Gesamtstrafe oder eine in dieselbe einbezogene Einzelstrafe vom Reichsgericht in erster Instanz festgesetzt worden ist."

Zufolge Übereinkunft der Justizverwaltungen sämtlicher Bundesstaaten findet, wenn die in einem Bundesstaate in Vollzug gesetzte Freiheitsstrafe demnächst in eine Gesamtstrafe einbezogen wird, deren Vollstreckung auf Grund des Bundesratsbeschlusses vom 11. Juni 1885 von einem anderen Bundesstaate zu übernehmen ist, eine Erstattung von Kosten für die Vollstreckung der in die Gesamtstrafe einbezogenen Einzelstrafe nicht statt (JMBl. **01** 99).

4. Rechtshülfeorgan ist bei der Vollstreckungsrechtshülfe, gleichgültig, ob ersuchende und ersuchte Behörde demselben Bundesstaate oder verschiedenen Bundesstaaten angehören, stets die landgerichtliche Staatsanwaltschaft. Dies ist auch der Fall, wenn die Landesjustizverwaltung für die schöffengerichtlichen Sachen gemäß § 483 Abs. 3 StPO. die Strafvollstreckung den Amtsrichtern übertragen hat KGJ. **1** 174/5 (10. 12. 80), RG=

Ann. **6** 210 (FS. 25. 7. 82), OLG. Stuttgart WürttJ. **1** 323 (8. 2. 88), vgl. auch SächsOLG. **2** 107/8 (17. 12. 79): denn das GVG. kennt keine Ausnahmen für diesen Fall. Ob die Landesjustizverwaltung solches direktes Angehen der Amtsrichter für zulässig hält, ist nach Art. 2 RV. völlig bedeutungslos.

5. Gegen die über das Ersuchen um Vollstreckungsrechtshülfe getroffene Entscheidung findet nicht der Instanzenzug des § 160 GVG., sondern lediglich Aufsichtsbeschwerde statt. SächsOLG. **2** 105/8 (17. 12. 79); OLG. Stuttgart WürttJ. **1** 323 (8. 2. 88); RGSt. **20** 104 (I. StS. 9. 12. 89); OLG. Rostock MecklZ. **9** 363/4 (28. 9. 89); OLG. Cöln RheinArch. **92** Abt. I 165 (27. 8. 97), **83** Abt. I 175 (29. 7. 91). Dagegen läßt RGAnn. **6** 209/211 (FS. 25. 7. 82) bei Verletzung der gesetzlichen Normen über Gewährung der Vollstreckungsrechtshülfe (im Gegensatze zu den die Strafvollstreckung betreffenden Verwaltungsvorschriften) den Instanzenzug des § 160 GVG. zu, ohne dies jedoch genügend zu begründen.

6. Wegen der Vollstreckung der auf die bürgerlichen Behörden übergehenden, gegen Personen des Soldatenstandes erkannten Strafen s. Anm. 3 b zu § 12 EGMStGO.

§ 165. Im Falle der Rechtshülfe unter den Behörden verschiedener Bundesstaaten sind die baaren Auslagen, welche durch eine Ablieferung oder Strafvollstreckung entstehen, der ersuchten Behörde von der ersuchenden zu erstatten.

Im Uebrigen werden Kosten der Rechtshülfe von der ersuchenden Behörde nicht erstattet.

Ist eine zahlungspflichtige Partei vorhanden, so sind die Kosten von derselben durch die ersuchende Behörde einzuziehen und der eingezogene Betrag der ersuchten Behörde zu übersenden.

Stempel-, Einregistrirungsgebühren oder andere öffentliche Abgaben, welchen die von der ersuchenden

Behörde übersendeten Schriftstücke (Urkunden, Protokolle) nach dem Rechte der ersuchten Behörde unterliegen, bleiben außer Ansatz.

1. § 165 regelt

a) das Verhältnis der ersuchenden und der ersuchten Behörde betreffs der Kosten der Rechtshülfe,

b) die Beitreibung derselben von einer etwa zahlungspflichtigen Partei.

2. Die „Rechtshülfe" wird der ersuchenden Behörde gegenüber stets völlig kostenfrei gewährt. Bei der Vollstreckungsrechtshülfe hat die ersuchende der ersuchten Behörde die durch eine Ablieferung oder Strafvollstreckung entstandenen baren Auslagen, aber nur diese, nicht auch sonstige Kosten zu „erstatten" d. h. ohne Rücksicht darauf zu ersetzen, ob die ersuchende Behörde den betreffenden Betrag ihrerseits von dem Zahlungspflichtigen beigetrieben hat oder auch nur beitreiben kann.

Darüber, was als die durch eine Ablieferung oder Strafvollstreckung entstandenen baren Auslagen anzusehen ist, haben sich die Landesjustizverwaltungen der deutschen Bundesstaaten, wie folgt, geeinigt (JMBl. **85** 152):

„1. Als Beginn des Ablieferungs- oder Strafvollstreckungsverfahrens ist die Ergreifung des Abzuliefernden bzw. Verurteilten anzusehen.

2. Die nach dem Zeitpunkte der Ergreifung entstehenden, zur Ausführung der Ablieferung oder Strafvollstreckung aufgewendeten Kosten, insbesondere auch die Kosten der Verpflegung, sind zu den zu erstattenden baren Auslagen zu rechnen, ohne Rücksicht darauf, ob die Ablieferung oder Strafvollstreckung völlig durchgeführt oder ob etwa durch die Flucht des Verhafteten oder durch andere Umstände ein Hindernis entgegengetreten ist.

3. Zu den zu erstattenden baren Auslagen gehören nur die mit dem Ablieferungs- oder Strafvollstreckungsverfahren selbst verbundenen Kosten, nicht die nebenbei durch Zustellungen oder Korrespondenzen entstehenden Auslagen (Zustellungsgebühren, Postgebühren u. dgl.)."

3. Ist eine u. z. gemäß GKG. [OLG. Hamburg HansGZ. 88 288 (22. 9. 88)] zahlungspflichtige Partei vorhanden — als solche kommen auch Angeklagter und Privatkläger in Betracht, Personen, denen das Armenrecht bewilligt ist, scheiden aus —, so sind „die Kosten" von ihr einzuziehen. Welche Kosten zum Ansatz kommen, ergibt für das Gebiet der ordentlichen streitigen Gerichtsbarkeit GKG. Hiernach nicht ansetzbare Kosten braucht auch eine sonst zahlungspflichtige Partei nicht zu zahlen. OLG. Rostock OLGRspr. **8** 3 (6. 10. 03). Nicht ansetzbar sind Schreibgebühren für die Benachrichtigung der Parteien von dem vor dem ersuchten Richter anstehenden Termine OLG. Hamburg OLGRspr. **8** 2/3 (27. 5. 03), OLG. Rostock OLGRspr. **8** 3 (6. 10. 03), wohl aber Schreibgebühren für die Ladung der Zeugen. RGZ. **6** 354 fg. (III. ZS. 17. 2. 82); OLG. Rostock a. a. O.

Ob und welche Kosten einzuziehen sind, gibt die ersuchte der ersuchenden Behörde an, und diese besorgt die Einziehung. Eine Prüfung, ob der Ansatz richtig ist, steht der ersuchenden Behörde zunächst nicht zu: sie hat der Partei zu überlassen, solche Prüfung vorzunehmen und nötigenfalls durch Erinnerung zu verfolgen. OLG. Hamburg SeuffA. **59** 372 (23. 2. 04).

§ 166. Für die Höhe der den geladenen Zeugen und Sachverständigen gebührenden Beträge sind die Bestimmungen maßgebend, welche bei dem Gerichte gelten, vor welches die Ladung erfolgt.

Sind die Beträge nach dem Rechte des Aufenthaltsorts der geladenen Personen höher, so können die höheren Beträge gefordert werden.

Bei weiterer Entfernung des Aufenthaltsorts der geladenen Personen ist denselben auf Antrag ein Vorschuß zu bewilligen.

Die Bestimmungen des Abs. 1 und 2 des § 166 haben nicht nur mit der Rechtshülfe nichts zu tun, sie kommen sogar bei Vernehmungen durch den ersuchten Richter gar nicht zur Anwendung, betreffen vielmehr den dann ja gar nicht praktischen Fall, daß jemand statt vor das Gericht seines Aufenthaltsorts vor ein anderes Gericht geladen wird. Selbstverständlich sind aber für die vom ersuchten Richter geladenen Personen die bei ihm gültigen Vergütungssätze maßgebend: denn welche sollten sonst maßgebend sein?

§ 167. Ein Gericht darf Amtshandlungen außerhalb seines Bezirks ohne Zustimmung des Amtsgerichts des Orts nur vornehmen, wenn Gefahr im Verzuge obwaltet. In diesem Falle ist dem Amtsgerichte des Orts Anzeige zu machen.

§ 167 regelt keinen Fall der „Rechtshülfe". Die Zustimmung des Amtsgerichts oder das Obwalten von Gefahr im Verzuge machen vielmehr gerade ein Ersuchen um „Rechtshülfe" unnötig. OLG. Jena BuschsZ. **28** 169/71 (8. 3. 99). Auch die Erteilung der Zustimmung seitens des Amtsgerichts ist kein Akt der „Rechtshülfe", bei Verweigerung derselben ist nicht der Instanzenzug des § 160, sondern nur Aufsichtsbeschwerde gegeben. OLG. Jena BuschsZ. **28** 169/71 (8. 3. 99). A. M. OLG. Kiel OLGRspr. **5** 263/4 (7. 7 02), das in ganz unklarer Weise von einer „Rechtshülfe im weiteren Sinne" spricht.

§ 168. [Hier nicht von Bedeutung.]

§ 169. Die in einem Bundesstaate bestehenden Vorschriften über die Mittheilung von Akten einer öffentlichen Behörde an ein Gericht dieses Bundesstaates kommen auch dann zur Anwendung, wenn das ersuchende Gericht einem anderen Bundesstaate angehört.

§ 169 regelt keinen Fall der „Rechtshülfe" OLG. Augsburg OLGRspr. **9** 147 (6. 4. 04), denn

1. betrifft er nicht nur das Verhältnis der ordentlichen Gerichte untereinander, sondern deren Verhältnis zu den öffentlichen Behörden überhaupt,

2. aber regelt er nicht die Frage, wann eine Pflicht zur Mitteilung von Akten an die Gerichte besteht, bestimmt vielmehr nur, daß, **wenn** solche Pflicht innerhalb des Bundesstaats begründet ist, sie auch gegenüber den Gerichten anderer Staaten des Reichs besteht.

II. Gesetz über die Angelegenheiten der freiwilligen Gerichtsbarkeit.

Vom 17. Mai 1898.

In der Fassung vom 20. Mai 1898 (RGBl. 771).

§ 1. Für diejenigen Angelegenheiten der freiwilligen Gerichtsbarkeit, welche durch Reichsgesetz den Gerichten übertragen sind, gelten, soweit nicht ein Anderes bestimmt ist, die nachstehenden allgemeinen Vorschriften.

§ 2. Die Gerichte haben sich Rechtshülfe zu leisten. Die §§ 158 bis 169 des Gerichtsverfassungsgesetzes finden Anwendung.

1. Die Rechtshülfepflicht besteht nur in denjenigen Angelegenheiten der freiwilligen Gerichtsbarkeit, welche durch Reichsgesetz den Gerichten übertragen sind, also nicht

a) in Grundbuchsachen erster Instanz. OLG. Karlsruhe OLGRspr. **4** 219 (5. 12. 01); OLG. Dresden OLGRspr. **6** 498 (30. 9. 02); RGZ. **55** 275/6 (FS. 6. 8. 03); OLG. Hamburg OLGRspr. **9** 146 (8. 6. 04). Ebenso offenbar OLG. Darmstadt HessRspr. **2** 81/2 (1. 7. 01), das zur Begründung der Rechtshülfepflicht landesrechtliche, das RFGG. für anwendbar erklärende Bestimmungen anführt;

b) in Beurkundungssachen, soweit nicht das Reichsrecht den Gerichten, ohne Vorbehalt einer Abänderung durch Landesrecht, die in Frage kommende Beurkundung übertragen hat (**NB.** in dieser Beziehung Art. 141 EGBGB., § 191 Abs. 2 RFGG.). RGZ.

57 396/8 (IV. ZS. 28. 4. 04), **58** 94 fg. (IV. ZS. 28. 4. 04); OLG. Hamburg OLGRspr. **9** 146 (8. 6. 04);

c) betreffs Aushändigung des Vermögens an den volljährig gewordenen Mündel. OLG. Colmar OLGRspr. **9** 144/5 (15. 6. 04).

2. Nur nach Maßgabe des GVG. ist Rechtshülfe zu leisten. Der Begriff der „Rechtshülfe" ist also auch hier maßgebend. Die abstrakte Zuständigkeit des ersuchenden Richters ist nicht gegeben,

a) wenn das Ersuchen die Einleitung von Prozeduren freiwilliger Gerichtsbarkeit betrifft, die nur auf Antrag eines Beteiligten eingeleitet werden können, und für die das ersuchende Gericht nicht zuständig ist. OLG. Hamm OLGRspr. **2** 236/7 (15. 12. 00); OLG. Colmar ElsLothrZ. **27** 64 (27. 11. 01); OLG. Karlsruhe OLGRspr. **4** 219 (5. 12. 01); SächsOLG. **23** 430/2 (15. 4. 02), **24** 328/331 (30. 9. 02).

Fälle aus der Praxis:

α. Ersuchen um Ausstellung eines Erbscheins. OLG. Jena OLGRspr. **1** 194/5 (28. 3. 00);

β. Ersuchen eines Amtsgerichts, das eine von einem anderen Amtsgerichte aufgenommene exekutorische Urkunde verwahrt, an dieses um Erteilung einer vollstreckbaren Ausfertigung. OLG. Zweibrücken OLGRspr. **3** 419/20 (23. 10. 01);

γ. Ersuchen des Gerichts, das bei einer freiwilligen Nachlaßteilung den Teilungsvertrag für einige Beteiligte beurkundet hat, die anderen Beteiligten über den Beitritt zu dem Vertrage zu vernehmen und ihre Erklärungen zu beurkunden. OLG. Cassel OLGRspr. **9** 374/5 (9. 9. 04);

b) wenn das Vormundschaftsgericht, ohne daß der Fall des § 1846 BGB. in Frage käme, ersucht, den Erzeuger des bevormundeten unehelichen Kindes zu ermitteln, über Kindesanerkennung und Kindesalimentierung zu vernehmen oder zu solcher anzuhalten, da mangels Verhinderung des Vormundes das Vormundschaftsgericht zu diesen Tätigkeiten nicht berufen ist. OLG. Dresden OLGRspr. **3** 35/6 (27. 7. 00); OLG. Rostock OLGRspr. **1** 282 (9. 8. 00); OLG. Colmar OLGRspr. **3** 393/4 (27. 11. 01); OLG. Cassel Recht **04** 607 Nr. 2657 (10. 10. 04); KG. DJZ. **10** 748 (16. 2. 05) [kein Ersuchen um zeugeneidliche

Vernehmung der Mutter über den Erzeuger des Kindes]. Dagegen läßt OLG. Stuttgart Recht **01** 564 Nr. 2375 (7. 5. 01) und OLGRspr. **6** 495/6 (22. 12. 02) die gedachten Ersuchen ohne Beschränkung als Ersuchen um „Rechtshülfe" zu, was ebensowenig zu billigen ist, wie der Standpunkt des OLG. Jena OLGRspr. **6** 496/7 (22. 11. 02), das ohne sonstige Vorbedingung ein Ersuchen des Vormundschaftsgerichts um Vernehmung des Schuldners eines Mündels für einen Fall der „Rechtshülfe" hält. Auch der Entscheidung des OLG. Rostock Recht **02** 509 Nr. 2361 (31. 5. 01), welche ohne weiteres das Ersuchen eines Vormundschaftsgerichts, den über Anerkennung des Mündels bereits gehörten außerehelichen Erzeuger zu befragen, ob er Erteilung einer Ausfertigung des Anerkennungsprotokolls und Einsendung an das Standesamt beantragt, als Fall der „Rechtshülfe" behandelt, ist nicht beizutreten. Vgl. auch RGZ. **57** 398 (IV. ZS. 28. 4. 04). Bedenklich ferner ist die Entscheidung des OLG. Frankfurt a. M. HessRspr. **5** 36/7 (ohne Datum), wonach das Ersuchen des Vormundschaftsgerichts, den Vater des Mündels, dem die Verwaltung des Kindesvermögens entzogen, der aber noch im Besitze des Sparkassenbuchs des Mündels war, nachdem diesem ein Pfleger bestellt worden, wegen Herausgabe des Sparkassenbuchs zu vernehmen und nötigenfalls sein Erscheinen durch Ordnungsstrafen zu erzwingen, ohne weiteres ein Ersuchen um „Rechtshülfe" sein soll;

c) wenn das Ersuchen auf Erlaß einer Aufforderung gemäß § 361 [10] StGB. gerichtet ist, da solche Aufforderung zu erlassen überhaupt nicht Sache der Gerichte ist. OLG. Colmar OLGRspr. **4** 221 (26. 2. 02).

3. Die abstrakte Zuständigkeit des ersuchten Richters ist ausgeschlossen

a) auch hier, soweit um den Erlaß von Entscheidungen ersucht wird. Dazu gehört auch die Auswahl einer Person zum Vormund oder Pfleger. OLG. Jena OLGRspr. **5** 263 (3. 5. 02); OLG. Königsberg OLGRspr. **8** 1 (15. 5. 03); OLG. Posen PosJMSchr. **03** 96 (15. 5. 03);

b) bei sonstigen Tätigkeiten, die nicht übertragbar sind z. B. Eröffnung des Testaments durch das Nachlaßgericht, bei dem das Testament sich in Verwahrung befindet. ObLG. München CBlFG. **6** 34 Nr. 39 (26. 10. 04);

c) bei Ersuchen, die materiell nichts anderes sind als Ersuchen um Bekanntgabe von Entscheidungen oder Aktenteilen. Dahin gehört

α. der Fall, wenn ein Gericht den Besitzer einer Urkunde, die es von Amts wegen erheben darf, darüber befragt haben will, ob und für wen der Betreffende die Urkunde besitzt, und weshalb er die Herausgabe weigere. OLG. Rostock OLGRspr. **8** **2** (7. 12. 03);

β. das Ersuchen, den zum Antrag auf Löschung einer Firma Verpflichteten vorzuladen, damit er in Löschung der Firma willige. A. M. OLG. Hamburg DJZ. **6** 440 (30. 5. 00);

γ. Ersuchen um mündliche Publikation des bei den Akten befindlichen Testaments an einen im Bezirke des ersuchten Gerichts sich Aufhaltenden. A. M. OLG. Rostock Recht **04** 505 Nr. 2160 (18. 1. 04); ObLG. München CBlFG. **6** 34 Nr. 39 (26. 10. 04). Der Fall liegt dagegen anders, wenn nicht der Inhalt, sondern die äußere Form des Testaments bekanntgegeben werden soll.

4. Fälle eines Ersuchens um „Rechtshülfe" sind z. B.:

a) Ersuchen um Verpflichtung eines Vormunds oder Pflegers. SächsOLG. **23** 480 (18. 3. 02); OLG. Jena OLGRspr. **5** 263 (3. 5. 02); OLG. Königsberg OLGRspr. **8** 1 (15. 5. 03);

b) Ersuchen um Vollstreckung von Entscheidungen (von Freiheitsstrafen abgesehen): diese Vollstreckung ist nämlich reichsrechtlich nicht geregelt, und § 161 GVG. ist für das Gebiet des RFGG. unter Ersetzung der Worte „nach Vorschrift der Prozeßordnungen" durch die Worte „nach Vorschrift des RFGG." anzuwenden;

c) Ersuchen um Vermittlung der Abnahme der vom Vormunde gelegten Schlußrechnung. OLG. Rostock MecklZ. **19** 99/101 (4. 9. 00); OLG. Königsberg OLGRspr. **2** 394/5 (29. 1. 01);

d) Ersuchen des Nachlaßgerichts um Vornahme der in § 89 RFGG. bezeichneten Nachlaßverhandlung. SächsOLG. **23** 480 (18. 3. 02);

e) Nach OLG. Colmar Recht **05** 47 Nr. 218 (29. 12. 04)

soll ein Ersuchen des Vormundschaftsgerichts an das Gericht des Wohnorts der Mutter eines unehelichen Kindes um Befragung nach dem sonst nicht ermittelbaren Aufenthaltsorte des Kindes ein Ersuchen um „Rechtshülfe" sein. Man wird sich dem, ohne die Zweifelhaftigkeit der Frage zu verkennen, anschließen können, da das Vormundschaftsgericht z. B. vor Erlaß einer Reihe von Entscheidungen (vgl. § 1827 BGB.) den Mündel hören soll, also wissen muß, wo er sich befindet.

5. Wegen Ablehnbarkeit des Ersuchens und des besonderen Instanzenzuges betreffs der Frage der Zulässigkeit der Rechtshülfe ist auf die Erläuterungen zum GVG. zu verweisen. Ein Ersuchen um Vornahme einer verbotenen Handlung steht in Frage, wenn die nachgesuchte Tätigkeit nach dem Rechte des ersuchten Richters zur ausschließlichen Zuständigkeit der Notare gehört. OLG. Cöln RheinARB. **9** 48/9 (11. 6. 91); OLG. Colmar OLGRspr. **2** 393/4 (8. 5. 01). A. M. OLG. Colmar ElsLothrZ. **25** 417/8 (11. 6. 00).

6. Wegen der Kosten der Rechtshülfe vgl. § 165 GVG. und die Anm. dazu. Gemäß Einigung sämtlicher Bundesstaaten (Elsaß-Lothringen eingeschlossen) werden für die Erledigung der Ersuchen um Rechtshülfe Gebühren nicht erhoben (JMBl. **04** 255).

§ 194. Sind für die im § 1 bezeichneten Angelegenheiten nach Landesgesetz andere als gerichtliche Behörden zuständig, so gelten die in dem ersten Abschnitte für die Gerichte gegebenen Vorschriften auch für die anderen Behörden.

[Abs. 2 und 3 interessieren hier nicht.]

Durch die Vorschrift des Abs. 1 wird die Verpflichtung der gerichtlichen Behörden, gemäß § 2 Rechtshülfe zu leisten, nicht berührt.

1. In dem in § 194 Abs. 1 gedachten Falle sind die an die Stelle der Gerichte tretenden Behörden wie die Gerichte berechtigt, die Leistung der Rechtshülfe zu verlangen. Sie selbst aber leisten Rechtshülfe nicht, dies ist vielmehr auch hier Sache der Amtsgerichte.

2. Die an die Stelle der Gerichte tretende Behörde — hierher wird auch der Notar zu rechnen sein, dem nach landesgesetzlicher, auf Grund des § 193 RFGG. ergangener Bestimmung in den Fällen der §§ 86, 99 RFGG. die Vermittlung der Auseinandersetzung obliegt, vgl. OLG. Kiel CBlFG. **5** 499 Nr. 483 (10. 8. 04), das annimmt, im Falle des Art. 21 PFGG. werde die Rechtshülfe eigentlich dem Amtsgerichte geleistet, das die Vermittlung der Auseinandersetzung dem Notar überwiesen hat — wird den Gerichten gleichgestellt. Hat deshalb diese Behörde ihren Sitz innerhalb des Bezirkes des OLG., das über die Rechtshülfebeschwerde entschieden hat, so ist eine weitere Beschwerde an das RG. unzulässig. Vgl. RG. JW. **96** 145/6 (II. ZS. 7. 2. 96), einen ähnlichen Fall betreffend.

III. Gesetz über die Konsulargerichtsbarkeit.

Vom 7. April 1900 (RGBl. 213).

§ 18. Die Vorschriften der §§ 157 bis 169 des Gerichtsverfassungsgesetzes und des § 2 des Reichsgesetzes über die Angelegenheiten der freiwilligen Gerichtsbarkeit finden auf die Leistung der Rechtshülfe unter den bei der Ausübung der Konsulargerichtsbarkeit mitwirkenden Behörden, sowie unter diesen Behörden und den Behörden im Reichsgebiet oder in den deutschen Schutzgebieten mit der Maßgabe entsprechende Anwendung, daß für die im § 160 Abs. 1 des Gerichtsverfassungsgesetzes vorgesehene Entscheidung, sofern die Rechtshülfe von dem Konsul versagt oder gewährt wird, das Reichsgericht in erster und letzter Instanz zuständig ist.

1. Bei Ausübung der Konsulargerichtsbarkeit wirken mit die Konsuln, die Konsulargerichte und das Reichsgericht.

2. Ein Fall der „Rechtshülfe" ist nicht gegeben, wenn der Konsul, der statt des Amtsgerichts Rechtshülfeorgan ist (§ 7 Nr. 1 KonsGG.), um eine Handlung ersucht wird, zu deren Vornahme auch die eine Gerichtsbarkeit nicht ausübenden Konsuln befugt sind. Hierhin gehören die Zustellungen auf Grund eines nach § 199 ZPO. gestellten Ersuchens. RGZ. **44** 409/414 (VZS. 24. 6. 99).

3. Ist der Konsul um Rechtshülfe ersucht, so findet gegen seine Entscheidung über die Zulässigkeit der Rechtshülfe nur Beschwerde an das Reichsgericht, nicht auch weitere Beschwerde statt.

4. Eine Mitwirkung der Staatsanwaltschaft findet bei der Konsulargerichtsbarkeit nur in Ehenichtigkeits- und Entmündigungssachen, sowie im Aufgebotsverfahren zum Zwecke der Todeserklärung statt (§ 42 KonsGG.). Der Konsul übt, wie eine Reihe anderer Funktionen der StA. (§§ 56, 58, 65, 71 Abs. 2 KonsGG.), so auch an ihrer Stelle die Strafvollstreckung aus (§ 53 KonsGG.). Er ist deshalb auch statt der StA. Organ der Vollstreckungsrechtshülfe. Gegen seine einschlägigen Entscheidungen findet nicht gemäß § 10 Nr. 2 KonsGG. Beschwerde an das Konsulargericht statt, denn dieses ist Beschwerdeinstanz nur für die richterliche Tätigkeit des Konsuls. RGSt. **24** 220 fg. (I. StS. 29. 6. 93). Es findet also hier, wie im Falle des § 164 GVG., nur Aufsichtsbeschwerde statt.

IV. Schutzgebietsgesetz.

Vom 25. Juli 1900.

In der Fassung vom 10. September 1900 (RGBl. 813).

§ 2. Auf die Gerichtsverfassung in den Schutzgebieten finden die Vorschriften der §§ 5, 7 bis 15, 17, 18 des Gesetzes über die Konsulargerichtsbarkeit vom 7. April 1900 (Reichs-Gesetzbl. S. 213) mit der Maßgabe entsprechende Anwendung, daß an die Stelle des Konsuls der von dem Reichskanzler zur Ausübung der Gerichtsbarkeit ermächtigte Beamte

und an die Stelle des Konsulargerichts das in Gemäßheit der Vorschriften über das letztere zusammengesetzte Gericht des Schutzgebiets tritt.

1. Auf Grund des § 6 Nr. 6 des SchutzgebG. ist durch § 8 Abs. 1 der VO. vom 9. 11. 00 (RGBl. 1005) die nach dem KonsGG. begründete Zuständigkeit des Reichsgerichts für das Schutzgebiet von Togo der Gerichtsbehörde 2. Instanz im Schutzgebiete von Kamerun, für das Schutzgebiet von Kiautschou dem Kaiserlichen Konsulargerichte in Shanghai, für das Inselgebiet der Karolinen, Palau und Marianen der Gerichtsbehörde 2. Instanz im Schutzgebiete von Deutsch-Neu-Guinea, für die übrigen Schutzgebiete der in einem jeden derselben errichteten Gerichtsbehörde 2. Instanz übertragen worden. Der zur Ausübung der Gerichtsbarkeit 2. Instanz ermächtigte Beamte hat 4 Beisitzer zuzuziehen.

2. Bei Ausübung der Schutzgebietsgerichtsbarkeit nimmt zwar in weiterem Umfange, als bei der Konsulargerichtsbarkeit, die Staatsanwaltschaft teil. Die Strafvollstreckung steht ihr aber auch hier nicht zu. Die Ausführungen in Anm. 4 zum KonsGG. gelten daher auch hier.

V. Gewerbegerichtsgesetz.

Vom $\frac{\text{29. Juli 1890}}{\text{30. Juni 1901}}$.

In der Fassung vom 29. September 1901 (RGBl. 353).

§ 61. Die ordentlichen Gerichte haben den Gewerbegerichten nach Maßgabe der Bestimmungen des Gerichtsverfassungsgesetzes Rechtshülfe zu leisten.

1. Der Begriff der Rechtshülfe ist der zu §§ 157, 158 GVG. als „Rechtshülfe" erörterte. So wenig nach GVG. ein Fall der „Rechtshülfe" deshalb nicht vorliegt, weil ersuchendes und ersuchtes Gericht am gleichen Orte ihren Sitz haben — auch im Instanzenzuge braucht deshalb das eine dem anderen noch nicht vorgesetzt zu sein, man denke an die Berliner Gerichtsorganisa-

tion —, so wenig ist das hier ein Grund gegen das Vorliegen von „Rechtshülfe". Die gegenteilige Entscheidung des OLG. Dresden SächsOLG. **20** 171/3 (6. 2. 99) ist unrichtig. Natürlich ist aber derartigen Ersuchen im Aufsichtswege entgegenzutreten.

Wegen Ablehnbarkeit und Instanzenzug s. die Erläuterungen zum GVG. Das Gewerbegericht, dem ja das Landgericht als Beschwerde= und Berufungsgericht vorgesetzt ist, gehört im Sinne des § 160 GVG. zum Bezirke desselben Oberlandesgerichts, wie das dem Gewerbegerichte übergeordnete Landgericht.

Bei Anwendung des § 165 Abs. 3 GVG. ist zu beachten, daß nach § 58 Abs. 5 GewGG. keine Schreibgebühren und keine baren Auslagen für Zustellungen erhoben werden, insoweit also auch eine zahlungspflichtige Partei nicht vorhanden ist. OLG. Frankfurt a. M. GewG. **2** 66 (ohne Datum); LG. Stargard i/P. GewG. **8** 137/8 (6. 1. 03).

2. Nur die ordentlichen Gerichte und diese nur nach Maß= gabe der Bestimmungen des GVG. sind rechtshülfepflichtig. Die Gewerbegerichte können also nicht von der StA. Vollstreckungs= rechtshülfe als ein Recht verlangen, sie können aber auch um solche nicht die Gerichte angehen, denn diesen weist GVG. die Erledi= gung der Vollstreckungsrechtshülfe nicht zu. Es ist indessen an= zunehmen, daß die Gewerbegerichte im Aufsichtswege — im Falle des § 164 GVG. ist ja auch nur Aufsichtsbeschwerde gegeben — wohl stets die Gewährung von Vollstreckungsrechtshülfe, die für die Ordnungsstrafen gegen Zeugen und Sachverständige in Be= tracht kommen kann, erreichen werden.

VI. Gesetz, betreffend Kaufmannsgerichte. Vom 6. Juli 1904 (RGBl. 266).

§ 16. Abs. 1. **Auf das Verfahren vor den Kaufmannsgerichten finden die Vorschriften der §§ 26 bis 61 des Gewerbegerichtsgesetzes . . . . . . entsprechende Anwendung . . . .**

Es ist lediglich auf die Erläuterungen zu § 61 GewGG. zu verweisen.

VII. Gesetz, betreffend die Prisengerichtsbarkeit. Vom 3. Mai 1884 (RGBl. 49).

§ 2. Der Sitz der Prisengerichte ..... sowie die Verpflichtung anderer Behörden des Reichs oder der Bundesstaaten, in Prisensachen mitzuwirken, werden durch Kaiserliche Verordnung bestimmt.

Auf Grund des § 2 ist bisher nur die Verordnung, betreffend die Ausübung der Prisengerichtsbarkeit aus Anlaß der ostafrikanischen Blokade, vom 15. Februar 1889 (RGBl. 5) ergangen, die infolge Aufhebung der gedachten Blokade längst ihre Anwendbarkeit eingebüßt hat. § 29 der Verordnung regelte die Rechtshülfe im Verkehr der Prisenbehörden mit Gerichts- und Verwaltungsbehörden (vgl. darüber die Einleitung).

VIII. Rechtsanwaltsordnung. Vom 1. Juli 1878 (RGBl. 177).

§ 86 Abs. 1, 2. Das Ehrengericht kann nach freiem Ermessen die Vernehmung von Zeugen oder Sachverständigen durch einen ersuchten Richter oder in der Hauptverhandlung anordnen.

Auf das Ersuchen finden die §§ 158 bis 160, 166 des Gerichtsverfassungsgesetzes entsprechende Anwendung.

§ 87. Die Verhängung von Zwangsmaßregeln, sowie die Festsetzung von Strafen gegen Zeugen und Sachverständige, welche in der Hauptverhandlung ausbleiben oder ihre Aussage oder deren Beeidigung verweigern, erfolgt auf Ersuchen durch das Amtsgericht, in dessen Bezirke dieselben ihren Wohnsitz

und in Ermangelung eines solchen ihren Aufenthalt haben.

§ 91. **Auf das Verfahren in der Beschwerdeinstanz und in der Berufungsinstanz finden die Vorschriften der Strafprozeßordnung und der §§ 82, 83 Abs. 1, §§ 84, 86 bis 88 dieses Gesetzes entsprechende Anwendung.**

1. Die §§ 86, 91 regeln die den Ehrengerichten und dem Ehrengerichtshofe für Rechtsanwälte von den ordentlichen Gerichten zu leistende Rechtshülfe, soweit ein Disziplinarverfahren in Frage steht. Für die Rechtshülfe in demjenigen ehrengerichtlichen Verfahren, das auf Antrag bei verweigerter Zulassung zur Rechtsanwaltschaft stattfindet, gilt außerdem noch die besondere Vorschrift des § 93.

2. Die den Spruchbehörden zu leistende Rechtshülfe findet im Disziplinarverfahren gegen Rechtsanwälte nur statt in den Fällen des § 86. Andere Ersuchen sind mangels abstrakter Zuständigkeit des ersuchten Richters keine Ersuchen um „Rechtshülfe". Dies gilt namentlich von Ersuchen um kommissarische Vernehmung angeklagter Rechtsanwälte (anders § 93).

§ 87 regelt keinen Fall der „Rechtshülfe". Das Amtsgericht ist vielmehr gerade berufen, diejenigen Handlungen vorzunehmen, von deren Vornahme die ehrengerichtlichen Spruchbehörden ausgeschlossen sind. Es fehlt also die abstrakte Zuständigkeit der ersuchenden Behörde. Damit steht in Einklang, daß § 86, nicht aber § 87, die Bestimmungen des GVG. über Rechtshülfe für anwendbar erklärt. Das „Ersuchen" des § 87 wird nur deshalb vom Gesetze erfordert, weil ohne solches das Amtsgericht gar keine Kenntnis von dem sein Einschreiten begründenden Sachverhalte hat, auch zur Verhängung der fraglichen Zwangsmaßregeln und Strafen gegen den Willen der Behörde, bei der das Hauptverfahren anhängig ist, kein Anlaß besteht.

Eine prozessuale Beschwerde steht bei den aus § 87 RAO. ergangenen amtsgerichtlichen Entscheidungen den ehrengerichtlichen Spruchbehörden kraft Reichsrechts nicht zu.

3. Bei Anwendung des § 160 GVG. sind die Ehrengerichte, für die die Oberlandesgerichte ja Beschwerdeinstanz sind (§ 89 RAO.), als dem Bezirke desjenigen Oberlandesgerichts angehörig anzusehen, mit dem sie denselben Sitz haben, während der Ehrengerichtshof nicht als zum Bezirke eines Oberlandesgerichts gehörig zu erachten ist.

4. Dem mit Führung der Voruntersuchung beauftragten Richter (§ 71 RAO.), auf den gemäß der allgemeinen Bestimmung des § 66 RAO. § 183 Satz 2 und 3 StPO. Anwendung findet, ist Rechtshülfe, wie dem Untersuchungsrichter in Strafsachen, zu leisten.

§ 93 Abs. 1, 2. **Im Falle des § 16 Abs. 2 wird ohne Beschluß über die Eröffnung des Hauptverfahrens zur Hauptverhandlung geschritten.**

Das Ehrengericht kann nach Maßgabe des § 86 auch die Vernehmung des Antragstellers vor der Hauptverhandlung anordnen.

1. Der Fall des § 16 Abs. 2 ist gegeben, wenn nach dem Gutachten des Vorstandes der Anwaltskammer die Zulassung zur Rechtsanwaltschaft aus einem der im § 5 Nr. 4—6 RAO. bezeichneten Gründe versagt wird, und der Antragsteller verlangt, daß im ehrengerichtlichen Verfahren über den Grund der Versagung entschieden wird. In diesem Falle wird nach § 93 „ohne Beschluß über die Eröffnung des Hauptverfahrens zur Hauptverhandlung geschritten". Mit dem nach § 16 Abs. 2 RAO. rechtzeitig geäußerten Verlangen des Antragstellers ist das Hauptverfahren anhängig, also ein Ersuchen nach Maßgabe des § 86 um eidliche Vernehmung von Zeugen und Sachverständigen zulässig. OLG. München SeuffBl. **46** 109/111 (18. 5. 80).

2. Zu den nach § 86 gegebenen Fällen der „Rechtshülfe" kommt hier noch ein weiterer hinzu, nämlich das Ersuchen um Vernehmung des Antragstellers.

Abteilung II:

Einführungsgesetz zur Militärstrafgerichtsordnung und zugehörige Nebengesetze.

IX. Einführungsgesetz zur Militärstrafgerichtsordnung.

Vom 1. Dezember 1898 (RGBl. 1289).

§ 12. Die bürgerlichen Gerichte haben den zur Ausübung der Militärstrafgerichtsbarkeit berufenen Stellen und diese jenen in den zu ihrer Zuständigkeit gehörigen Strafsachen Rechtshülfe zu leisten.

Insoweit die bürgerlichen Gerichte angegangen werden müssen, ist das Gesuch an das Amtsgericht zu richten, in dessen Bezirke die Amtshandlung vorgenommen werden soll.

Das Ersuchen darf nur abgelehnt werden, wenn dem ersuchten Gerichte die örtliche Zuständigkeit mangelt oder die vorzunehmende Handlung nach dem Rechte des ersuchten Gerichts verboten ist. Beschwerden über Ablehnung des Gesuchs sind an das Oberlandesgericht, zu dessen Bezirke das ersuchte Gericht gehört, in letzter Instanz an das Reichsgericht zu richten. Die Entscheidungen erfolgen ohne vorgängige mündliche Verhandlung.

Kosten der Rechtshülfe werden von der ersuchenden Behörde nicht erstattet.

1. § 12 Abs. 1 enthält die allgemeine Bestimmung, die dann in den weiteren Absätzen des § 12 hinsichtlich der Rechtshülfepflicht der bürgerlichen Gerichte und in § 13 hinsichtlich der Rechtshülfepflicht der zur Ausübung der Militärstrafgerichtsbarkeit berufenen Stellen des genaueren umschrieben wird.

Nur zwischen den bürgerlichen Gerichten d. h. den ordentlichen bürgerlichen Gerichten und den zur Ausübung der Militärstrafgerichtsbarkeit berufenen Stellen ist die Rechtshülfeleistung geregelt.

2. Zur Ausübung der Militärstrafgerichtsbarkeit sind nach § 12 MStGO. die Gerichtsherrn und die erkennenden Gerichte (Standgerichte, Kriegsgerichte, Oberkriegsgerichte, Reichsmilitärgericht, Feld- und Bordgerichte) berufen.

Nicht hierher gehört

a) der militärische Vorgesetzte (§ 153 MStGO.),

b) der militärische Befehlshaber, der in dringenden Fällen, ohne Gerichtsherr zu sein, zur Herbeiführung der Leichenschau befugt ist (§ 223 MStGO.).

Fraglich ist die Behandlung der Ersuchen des Untersuchungsführers (s. über den Begriff § 159 MStGO., über seine Stellung RMG. 7 296/302 [II. Sen. 19. 10. 04]). Die Begründung zu § 149 des Entwurfs der MStGO. (= § 156 MStGO.) betont, daß der Untersuchungsführer als Organ des Gerichtsherrn dieselbe Aufgabe zu erfüllen hat, wie die StA. nach § 158 StPO. und hebt zu den §§ 153, 154 des Entwurfs (= §§ 160, 161 der MStGO.) die Anlehnung an §§ 159, 160 StPO., aber gleichzeitig mit Recht hervor, daß der Untersuchungsführer auch zu richterlichen Untersuchungshandlungen berufen ist. Der Untersuchungsführer ist in der Tat ebenso, wie der Gerichtsherr, zugleich staatsanwaltschaftlicher und richterlicher Beamter, eine Verquickung, die der MStGO. so sympathisch ist, daß sie in § 10 EGMStGO. einer richterlichen, die Verjährung unterbrechenden Handlung im Sinne des § 68 RStGB. jede Handlung gleichstellt, welche von „dem untersuchungsführenden und dem die Anklage vertretenden Gerichtsoffizier, Kriegsgerichtsrat oder Oberkriegsgerichtsrat" vorgenommen wird.

Rechnet man nach alledem den Untersuchungsführer zu den zur Ausübung der Militärstrafgerichtsbarkeit berufenen Stellen, so ist es gewiß auffällig, daß nach § 160 Abs. 3 MStGO. in solchem Falle der ersuchte Amtsrichter zu prüfen hat, „ob die beantragte Handlung nach den Umständen des Falles gesetzlich zulässig ist", ihm also dasselbe Prüfungsrecht zusteht, wie gegenüber einer staatsanwaltlichen Requisition nach § 160 StPO., während § 12 EGMStGO. nur ein weit eingeschränkteres Ablehnungsrecht gibt. Allein es geht doch nicht an, deshalb die Ersuchen des Untersuchungsführers als dem § 12 EGMStGO. nicht unterfallend zu erachten. Nach § 160 Abs. 4 MStGO. sollen nämlich die Ersuchungsschreiben in der Regel von dem Gerichtsherrn und dem Untersuchungsführer unterzeichnet werden, und solche Ersuchen sind zweifellos nach § 12 EGMStGO. zu behandeln. Dafür aber, das in dringenden Fällen vom Untersuchungsführer, dessen Auftrag auf den Gerichtsherrn zurückgeht (§ 156 MStGO.), allein gestellte Ersuchen anderer Beurteilung zu unterwerfen, fehlt genügender Anlaß. Vgl. OLG. Colmar ElsLothrZ. 29 140 (11. 11. 02), das unterschiedslos alle Ersuchen, die aus § 160 MStGO. an ein AG. gerichtet werden, als Ersuchen um Rechtshülfe im Sinne des § 12 EGMStGO. behandelt. Die Gesetzestechnik läßt hier freilich zu wünschen übrig.

3. Bei der von den bürgerlichen Gerichten zu leistenden Rechtshülfe kommt eine Vollstreckungsrechtshülfe nicht in Frage. Allerdings werden keineswegs alle von den Militärgerichten erkannten Strafen auch von militärischen Stellen vollstreckt:

a) Die in Friedenszeiten von einem Militärgericht wegen eines nicht militärischen Verbrechens erkannte und daher nach § 13 RStGB. (anders im Felde nach § 14 MStGB.) durch Enthauptung zu vollziehende Todesstrafe vollstrecken nach § 454 MStGO. „die bürgerlichen Behörden".

b) Hat eine Person des Soldatenstandes „Zuchthaus verwirkt oder wird auf Entfernung aus dem Heer oder der Marine oder auf Dienstentlassung erkannt, oder wird das militärische Dienstverhältnis aus einem anderen Grunde aufgelöst, so geht die Vollstreckung der Strafe auf die bürgerlichen Behörden über" (§ 15 Abs. 3 MStGB.). Die Strafvollstreckung erfolgt in diesem Falle nach § 15 EGMStGO. „durch die Behörden des Heimatsstaats, wenn entweder die strafbare Handlung außerhalb des Bundesgebiets verübt worden ist oder der Verurteilte sich im Gebiete des Heimatsstaats aufhält, in anderen Fällen durch die bürgerlichen Behörden des Bundesstaats, in dessen Gebiete die strafbare Handlung verübt worden ist." Dabei haben sich die sämtlichen deutschen Regierungen noch über Anwendung folgender Grundsätze geeinigt (JMBl. 03 282):

„Die Vollstreckung einer gegen eine Militärperson erkannten Gesamtstrafe (§ 74 des Strafgesetzbuchs) wird, soweit nach § 15 des Einführungsgesetzes zur Militärstrafgerichtsordnung zur Vollstreckung der in der Gesamtstrafe enthaltenen Einzelstrafen die bürgerlichen Behörden verschiedener Bundesstaaten zuständig sein würden, von demjenigen Staate übernommen, welcher nach dem Gesamtbetrage dieser Einzelstrafen an der Gesamtstrafe am höchsten beteiligt ist.

Sind mehrere Bundesstaaten mit einem gleichen Höchstbetrage beteiligt, so wird die Vollstreckung von demjenigen Staate übernommen, dessen Strafanstalt (Anlage zu § 5 der Militärstrafvollstreckungsvorschrift) mit dem geringsten Aufwande von Transportkosten zu erreichen ist.

In den Fällen des Abs. 2 werden die Kosten der Strafvollstreckung von den mehreren höchstbeteiligten Staaten zu gleichen Teilen getragen; als Kosten werden jedoch nur bare Auslagen in Rechnung gestellt. Im übrigen findet eine Erstattung von Kosten nicht statt."

Von einer Rechtshülfe der bürgerlichen Behörden ist in den Fällen zu a und b keine Rede. Die militärischen Stellen sind vielmehr für die Strafvollstreckung ausgeschieden, und diese ist auf die bürgerlichen Behörden in eigener Zuständigkeit übergegangen.

c) Von den Fällen zu b abgesehen wird die Vollstreckung von Freiheitsstrafen „durch den Gerichtsherrn angeordnet" (§ 451 MStGO.), eine Fassung, die schon ohne weiteres zeigt, daß an eine Mitwirkung bürgerlicher Behörden dabei nicht gedacht ist.

4. Die nach § 12 von den bürgerlichen Gerichten zu leistende Rechtshülfe ist also durchaus der „Rechtshülfe" des GVG. zu parallelisieren. Nur ist hier zu beachten, daß die abstrakte Zuständigkeit des ersuchten Richters nur gegeben ist, wenn die ersuchende Stelle sich nicht nur ein Gericht überhaupt, sondern auch ein bürgerliches Gericht für die nachgesuchte Handlung substituieren darf.

Ein Fall der Rechtshülfe nach § 12 Abs. 2 fg. liegt danach nicht vor

a) bei Ersuchen um Zustellungen, da zu ihrer Bewirkung, soweit sie nicht direkt erfolgt, die militärischen Stellen auf die Hülfe der StA. angewiesen sind (§ 142 Abs. 1 MStGO.). Zustellungen, die von den Amtsgerichten veranlaßt werden, sind im Geltungsbereiche der MStGO. rechtsunwirksam. RMG. **3** 127/8 (II. Sen. 2. 7. 02). Die mündliche Bekanntmachung der Anklageschrift an den Angeschuldigten und die mündliche Aufforderung an ihn, sich über seine Verteidigungsanträge zu erklären — beides kann nach § 256 MStGO. durch Ersuchen eines Amtsrichters geschehen — ist keine Zustellung, macht vielmehr solche gerade überflüssig (§ 257 MStGO.). Analoger Ausdehnung ist die Bestimmung nicht zugänglich;

b) bei Ersuchen um Vollstreckung von Geldstrafen, denn diese erfolgt im Wege des Verwaltungszwangsverfahrens durch die Intendanturen (§ 462 MStGO.), und ihnen gegenüber besteht keine Rechtshülfepflicht der bürgerlichen Gerichte;

c) bei Ersuchen um Festsetzung und Vollstreckung der Ordnungsstrafen gegen Zeugen und Sachverständige, die nicht erscheinen oder grundlos Aussage oder Eidesleistung weigern, und gegen die die Militärgerichte selbst vorzugehen nicht befugt sind (s. §§ 186 Abs. 4, 203 Abs. 3, 208 MStGO.): es fehlt hier, wie im Falle des § 87 RAO. (s. Anm. 2 zu §§ 86, 87, 91 RAO.), an der abstrakten Zuständigkeit der ersuchenden Stelle;

d) bei Ersuchen, einen Angeklagten darüber, weshalb und inwieweit ein Urteil von ihm mit der Berufung angefochten werde oder welche Revisionsanträge er stellen, und wie er sie begründen wolle, zu vernehmen, da diese Vernehmungen — RMG. **1** 205 (I. Sen. 1. 7. 01), **4** 124 (II. Sen. 31. 12. 02), **6** 178 (II. Sen. 16. 12. 03), alle § 404 MStGO. betreffend — nach §§ 382, 404 MStGO. nicht durch ein AG. bewirkt werden können, so daß also die abstrakte Zuständigkeit des ersuchten Richters entfällt.

5. Die Normen über das Rechtshülfeorgan und die Ablehnungsgründe eines Ersuchens, das Ersuchen um Rechtshülfe im Sinne des § 12 ist, sind mit den einschlägigen Bestimmungen des GVG. identisch. Insbesondere ist es kein Ablehnungsgrund, daß die militärische Stelle nicht der Rechtshülfe durch ein bürger-

liches Gericht bedürfte, vielmehr um Rechtshülfe gemäß § 11 EGMStGO. auch eine militärische Stelle angehen könnte.

Besonderes gilt nur hinsichtlich der Ablehnbarkeit der aus § 160 MStGO. gestellten Ersuchen, wie schon in Anm. 2 erwähnt. Die Erweiterung des Prüfungsrechts des ersuchten Richters gilt übrigens in diesem Falle (arg. § 160 Abs. 4 MStGO.), auch wenn der Gerichtsherr das Ersuchungsschreiben mitunterzeichnet hat.

Mit Recht hält OLG. Posen PosJMSchr. **03** 26 (27. 12. 02) das ersuchte AG. für verpflichtet, dem Ersuchen eines Militärgerichts um eidliche kommissarische Vernehmung eines Zeugen im Ermittelungsverfahren zu entsprechen und verweist zutreffend darauf, daß auch für das ersuchte Gericht betreffs der Beeidigungsfrage die Bestimmungen der MStGO. maßgebend sind.

6. Nur im Falle der Ablehnung des Ersuchens — über den Begriff s. Anm. 5 zu § 159 GVG. — gewährt § 12 einen besonderen Instanzenzug.

Als Beschwerdeführer kommt nach der Fassung des Gesetzes offenbar nur die ersuchende Stelle in Betracht.

Die Beschwerdeentscheidung des OLG. unterliegt, wenn sie nicht den ablehnenden Bescheid des AG. beseitigt, bedingungslos der weiteren, an das RG. gerichteten Beschwerde. Ob das OLG. den Fall einer Rechtshülfe nicht für gegeben oder die Rechtshülfe für unzulässig, oder zwar für zulässig, aber auch für erfüllt ansah, ist gleichgültig. Ein Grund für diese Abweichung vom GVG. ist nicht erfindlich.

7. Da eine Vollstreckungsrechtshülfe nicht stattfindet, und nur in solchem Falle § 165 GVG. eine Erstattung von Rechtshülfekosten kennt, entspricht § 12 Abs. 4 EGMStGO., der die Erstattung von Rechtshülfekosten überhaupt ausschließt, genau dem Standpunkte des GVG.

§ 13. Die bürgerlichen Gerichtsbehörden haben Ersuchen um Rechtshülfe in den zu ihrer Zuständigkeit gehörigen Strafsachen an die im § 9 bezeichnete Stelle zu richten. Das Ersuchen darf nur abgelehnt

werden, wenn die Erledigung desselben außerhalb des Zuständigkeitsbereichs des angegangenen Gerichtsherrn liegt und eine Abgabe an die zuständige Stelle unthunlich erscheint, oder die vorzunehmende Handlung nach dem Rechte der ersuchten Stelle verboten ist. Beschwerden gegen eine ablehnende Verfügung sind an den höheren Gerichtsherrn, in letzter Instanz an das Reichsmilitärgericht zu richten. Die Entscheidungen erfolgen ohne vorgängige mündliche Verhandlung.

Bei Gewährung der Rechtshülfe findet die Bestimmung des § 12 Absatz 4 entsprechende Anwendung.

1. § 13 regelt die von den militärischen Stellen den bürgerlichen Gerichtsbehörden zu leistende Rechtshülfe.

Das Gesetz nennt als rechtshülfeberechtigt „die bürgerlichen Gerichtsbehörden", damit ist aber nichts anderes gemeint, als mit den in § 12 Abs. 1 genannten bürgerlichen Gerichten: denn § 13 ist ebenso, wie § 12 Abs. 2—4, nur die nähere Ausgestaltung von § 12 Abs. 1. § 13 betrifft also nicht Ersuchen der StA.

Die bürgerlichen Gerichte sind weiter offenbar nur in Ausübung der erkennenden und beschließenden Tätigkeit nach § 13 rechtshülfeberechtigt, die Vollstreckungsrechtshülfe unterfällt dagegen diesem § nicht. Allerdings wäre für dieselbe Raum. § 2 MStGO. verweist die bürgerlichen Behörden bei den ihnen nach diesem § verbleibenden Delikten der sonst der Militärstrafgerichtsbarkeit unterstehenden Personen darauf, den Vollzug subsidiärer Freiheitsstrafen „mittels Ersuchens der Militärbehörde" zu bewirken. Diese Militärbehörde kann nun nach § 451 MStGO. nur der Gerichtsherr sein, während die Ersuchen aus § 13 EGMStGO. an die Militärgerichte zu richten sind.

2. Nur „in den zu ihrer Zuständigkeit gehörigen Strafsachen" sind die bürgerlichen Gerichte rechtshülfeberechtigt.

Unter Strafsachen sind alle gemäß reichsrechtlicher Vorschrift nach den Bestimmungen der StPO. zu erledigenden Sachen zu verstehen, also auch das Verfahren auf Entsetzung von Gewerbegerichts- oder Kaufmannsgerichtsmitgliedern (§§ 21 Abs. 3 GewGG., 15 Abs. 2 KfmGG.). Andere Disziplinarsachen geben zu Rechtshülfeersuchen nach § 13 keine Unterlage. Ebensowenig besteht in Zivilprozeßsachen eine Rechtshülfeberechtigung. OLG. Colmar GoltdArch. **51** 202 (16. 11. 01). Gleiches gilt betreffs der Angelegenheiten der freiwilligen Gerichtsbarkeit.

„Im Felde" ändert sich dies beim Heere s. Anm. 2 zu dem Gesetze vom 28. 5. 01 (Nr. XI der Sammlung).

3. Der Begriff der Rechtshülfe nach § 13 ist der der „Rechtshülfe" nach dem GVG. Es läge nahe, entsprechend dem zu § 12 Bemerkten, hier zu verlangen, daß für die begehrte Tätigkeit die Substitution gerade eines Militärgerichts nachgelassen sei. Das geht indessen nicht an. Während die MStGO. genau regelt, welche Tätigkeiten nur von militärischen Stellen, welche nur von bürgerlichen Behörden zu erledigen sind, und welche sowohl von diesen als von jenen erledigt werden können, kennt die StPO. ein Ersuchen an Militärgerichte nur in den §§ 50 Abs. 4, 69 Abs. 5, 77 Abs. 2, d. h. bei dem Ersuchen um Festsetzung und Vollstreckung der Ordnungsstrafen gegen ungehorsame Zeugen und Sachverständige. In diesen Fällen liegt aber (vgl. Anm. 2 zu §§ 86, 87, 91 RAO., Anm. 4c zu § 12 EGMStGO.) gar kein Fall der Rechtshülfe nach § 13 vor. Das Gesetz bestätigt die Richtigkeit dieser Ansicht durch den andernfalls überflüssigen § 19 EGMStGO. der regelt, wie die Festsetzung und Vollstreckung der gedachten Ordnungsstrafen erfolgt.

Wäre also bei § 13 zu erfordern, daß die Substitution gerade eines Militärgerichts statthaft sei, so gäbe es überhaupt keinen dem § 13 zu unterstellenden Rechtshülfefall.

4. Das Ersuchen um Rechtshülfe ist „an die im § 9 bezeichnete Stelle" zu richten. Dieser § bestimmt:

„Entscheidungen und Verfügungen, welche von dem Gerichtsherrn und einem richterlichen Militärjustizbeamten oder einem Gerichtsoffizier gemeinsam zu unterzeichnen sind (MStGO. § 97 Abs. 2, § 102 zc.), ergehen nach außen hin, je nach dem Befehlsbereiche des Gerichtsherrn, unter der Bezeichnung:

Gericht des ... Regiments;
Gericht der ... Division;
Kommandantur=(Gouvernements=)Gericht; zc."

Das Militärgericht, an das das Rechtshülfeersuchen zu richten ist, ist dasjenige, dessen Gerichtsherr nach den §§ 13—37 MStGO. und den zugehörigen Ausführungsbestimmungen als Gerichtsherr 1. Instanz zu fungieren berufen wäre, bei Ersuchen um Vernehmungen also in der Regel der der Auskunftsperson direkt vorgesetzte Gerichtsherr.

Ist die ersuchte Stelle nicht selbst zuständig, so hat sie, wenn dies nicht untunlich erscheint, das Ersuchen an die zuständige Stelle abzugeben. Untunlich ist die Abgabe jedenfalls dann, wenn ein Gerichtsherr erst für den Einzelfall zu bestellen ist, wie im Falle des § 21 MStGO.; in solchen Fällen wird das bürgerliche Gericht am besten tun, wenn irgend angängig, von einem Rechtshülfeersuchen an die militärischen Stellen abzusehen.

5. Die Gründe für die Ablehnung eines Ersuchens, das in Wahrheit Ersuchen um Rechtshülfe im Sinne des § 13 ist, sind dieselben, wie nach GVG., nur tritt an die Stelle mangelnder örtlicher Zuständigkeit das Liegen der Handlung außerhalb des Zuständigkeitsbereichs der ersuchten Stelle, was sich ohne weiteres aus der Art der Kompetenzabgrenzung zwischen den Gerichtsherren erklärt. Daß das Ersuchen auch an ein bürgerliches Gericht hätte gerichtet werden können, ist kein Ablehnungsgrund. OLG. Colmar GoltdArch. **51** 202 (16. 11 und 9. 12. 01).

6. Auch hier ist nur bei Ablehnung des Ersuchens ein besonderer Instanzenzug gewährt u. z. an den höheren Gerichtsherrn und von ihm an das RMG. Im übrigen gilt das in Anm. 6 zu § 12 EGMStGO. Gesagte.

Wegen des Instanzenzuges, der „im Felde" beim Heere und unter gewissen Umständen an Bord statt hat, s. Anm. 3 zum Gesetz vom 28. 5. 01 (Nr. XI der Sammlung).

X. Verordnung, betreffend das strafgerichtliche Verfahren gegen Militärpersonen der Kaiserlichen Schutztruppen.

Vom 18. Juli 1900 (RGBl. 831).

§ 1. Das strafgerichtliche Verfahren gegen die Angehörigen der Schutztruppen (§ 3 der Schutztruppenordnung) regelt sich nach den Vorschriften der Militärstrafgerichtsordnung für das Deutsche Reich vom 1. Dezember 1898 und des Einführungsgesetzes hierzu von demselben Tage, soweit nicht im Nachstehenden abweichende oder ergänzende Bestimmungen erlassen sind.

Die §§ 2 fg. enthalten keine hier einschlägigen Bestimmungen.

XI. Gesetz, betreffend die freiwillige Gerichtsbarkeit und andere Rechtsangelegenheiten in Heer und Marine.

Vom 28. Mai 1901 (RGBl. 185).

§ 1. Im Felde (Einführungsgesetz zur Militärstrafgerichtsordnung § 5) sind beim Heere hinsichtlich der im § 1 Nr. 1, 6, 7, 8 der Militärstrafgerichtsordnung vom 1. Dezember 1898 bezeichneten Personen auch die Kriegsgerichtsräthe und die Oberkriegsgerichtsräthe zuständig

1. . . . .

2. . . . .

3. für die Erledigung von Ersuchen um Rechtshülfe, jedoch unbeschadet der Vorschriften des § 13

des Einführungsgesetzes zur Militärstrafgerichtsordnung.

§ 4. In den Fällen des § 1 werden Beschwerden im Aufsichtswege erledigt. Dies gilt auch bei Ersuchen um Rechtshülfe in Strafsachen (§ 13 des Einführungsgesetzes zur Militärstrafgerichtsordnung).

§ 5. In Ansehung solcher Personen, die zur Besatzung eines in Dienst gestellten Schiffes der Kaiserlichen Marine gehören oder die in anderer Eigenschaft an Bord eines solchen Schiffes sind, finden die Vorschriften des § 1 Nr. 2 und der §§ 3, 4 Anwendung, solange das Schiff sich außerhalb eines inländischen Hafens befindet. Den Schiffen stehen die sonstigen Fahrzeuge der Kaiserlichen Marine gleich.

1. Das Gesetz ändert sowohl die Bestimmungen des EGMStGO. als auch andere reichsrechtliche Bestimmungen über Leistung von Rechtshülfe ab. Seine Satzungen gelten teils für das Heer, teils für die Marine.

2. **Beim Heer** sind „im Felde" d. h. nach § 5 EGMStGO. für die Dauer des mobilen Zustandes des Heeres oder einzelner Teile des Heeres, ferner für die Besatzung eines festen Platzes, so lange derselbe — Eintritt und Beendigung dieses Zustandes ist vom Gouverneur oder Kommandanten dienstlich bekannt zu machen — vom Feinde bedroht ist, auch die Kriegsgerichtsräte und die Oberkriegsgerichtsräte hinsichtlich gewisser Personen zuständig für die Erledigung von Ersuchen um Rechtshülfe. Diese Personen sind nach § 1 Nr. 1, 6, 7, 8 MStGO. §§ 155, 157, 158 MStGB. (der in § 1 Nr 8 MStGO. mitangeführte § 166 MStGB. betrifft nur die Marine)

a) die Militärpersonen des aktiven Heeres,

b) die nicht zum Soldatenstande gehörigen Offiziere à la

suite und Sanitätsoffiziere à la suite, wenn und solange sie zu vorübergehender Dienstleistung zugelassen sind,

c) die verabschiedeten Offiziere, Sanitätsoffiziere und Ingenieure des Soldatenstandes, wenn und solange sie als solche oder als Militärbeamte im aktiven Heere vorübergehend wieder Verwendung finden,

d) während eines gegen das Deutsche Reich ausgebrochenen Krieges

α) alle Personen, welche sich in irgend einem Dienst- oder Vertragsverhältnisse bei dem kriegführenden Heere befinden oder sonst sich bei demselben aufhalten oder ihm folgen,

β) ausländische, zu dem kriegführenden Heere zugelassene Offiziere, wenn sie der Kaiser nicht etwa der deutschen Militärstrafgerichtsbarkeit durch besondere Bestimmung entzogen hat,

γ) das Gefolge solcher ausländischen Offiziere,

δ) die Kriegsgefangenen.

Hinsichtlich dieser Personen sind die Kriegsgerichtsräte und Oberkriegsgerichtsräte

I. nicht zuständig bei Ersuchen der bürgerlichen Gerichte um Rechtshülfe in den zu ihrer Zuständigkeit gehörigen Strafsachen, hier ist vielmehr das Ersuchen gemäß § 13 EGMStGO. an die im § 9 EGMStGO. bezeichnete Stelle zu richten;

II. zuständig für die Erledigung sonstiger Ersuchen um Rechtshülfe, also insbesondere für die Ersuchen der ordentlichen Gerichte um Rechtshülfe in bürgerlichen Rechtsstreitigkeiten und Angelegenheiten der freiwilligen Gerichtsbarkeit, bei diesen übrigens ohne Unterschied, ob sie durch Reichsrecht oder Landesrecht den Gerichten übertragen sind. Neben den Kriegsgerichtsräten und Oberkriegsgerichtsräten bleiben auch nach Maßgabe der Bestimmungen des GVG. und des RFGG. die Amtsgerichte rechtshülfepflichtig.

Soweit die Amtsgerichte nach GVG. und RFGG. zur Leistung von Rechtshülfe verpflichtet sind, sind dies auch — das Gesetz sagt dies nicht ausdrücklich, die Zuweisung der Zuständigkeit ist aber doch schwerlich als Normierung lediglich eines Rechtes ohne korrespondierende Pflicht aufzufassen — die Kriegsgerichtsräte und Oberkriegsgerichtsräte unter den hervorgehobenen Voraussetzungen. Als ihnen im Instanzenzuge vorgesetzt kann ein bürgerliches Gericht nicht gelten. Jeder Kriegsgerichtsrat und jeder Oberkriegsgerichtsrat ist zur Erledigung des Rechtshülfeersuchens zuständig. Immer aber beschränkt sich die Zuständigkeit auf den Fall eines lediglich die gedachten Personenklassen betreffenden Rechtshülfegesuchs.

Gegen die Entscheidung der Kriegsgerichtsräte und Oberkriegsgerichtsräte über die Zulässigkeit des Ersuchens findet nur Aufsichtsbeschwerde statt.

3. In den unter 2 erörterten Fällen beim Heere und in den Fällen des § 5 bei der Marine werden die Ersuchen der bürgerlichen Strafgerichte um Rechtshülfe, wie auch sonst, gemäß § 13 EGMStGO. behandelt. Nur insofern tritt eine Abweichung ein, als auch hier Beschwerden gegen die Ablehnung des Ersuchens nicht in dem Instanzenzuge des § 13 EGMStGO., sondern lediglich im Aufsichtswege erledigt werden.

Abteilung III:

Rechtshülfegesetz.

XII. Gesetz, betreffend die Gewährung der Rechtshülfe.

Vom 21. Juni 1869 (BGBl. 305).

Das Gesetz gilt im ganzen Reich einschließlich Elsaß-Lothringen. Da das Gesetz nur noch sehr geringe praktische Bedeutung hat, ist von seiner Erläuterung abgesehen. Über die Anwendbarkeit des Gesetzes s. die Einleitung.

Erster Abschnitt.

Von der Rechtshülfe in bürgerlichen Rechtsstreitigkeiten.

§ 1. Die Gerichte des Bundesgebietes haben sich in bürgerlichen Rechtsstreitigkeiten gegenseitig Rechtshülfe zu leisten. Es macht keinen Unterschied, ob das ersuchende und das ersuchte Gericht demselben Bundesstaate, oder ob sie verschiedenen Bundesstaaten angehören.

Das ersuchte Gericht darf die Rechtshülfe selbst dann nicht verweigern, wenn es die Zuständigkeit des ersuchenden Gerichts nicht für begründet hält.

§ 2. Die Rechtshülfe wird auf Requisition von Gericht zu Gericht geleistet, soweit nicht in den §§ 3 bis 6 ein Anderes bestimmt ist.

§ 3. Wenn nach dem Rechte des Orts, wo die erforderliche Prozeßhandlung vorzunehmen ist, diese zum Geschäftskreise besonderer Beamten (Gerichtsvollzieher, Gerichtsvögte u. s. w.) gehört oder von der betheiligten Partei bei dem Gerichte unmittelbar zu betreiben ist, so hat das ersuchte Gericht selbst oder die bei ihm bestehende Staatsanwaltschaft einen zuständigen Beamten mit der Vornahme der Prozeßhandlung zu beauftragen oder, soweit es erforderlich ist, die Sache einem Anwalte oder einer sonst geeigneten Person zur Betreibung zu übergeben.

§ 4. Durch die Vorschriften des § 3 wird nicht ausgeschlossen, daß die betheiligte Partei unmittelbar einen zuständigen Beamten mit der Vornahme der Prozeßhandlung beauftragt oder die Sache bei dem Gerichte betreibt.

§ 5. Wird in einem anhängigen oder anhängig zu machenden Rechtsstreite eine Prozeßhandlung erforderlich, welche nach dem für das Prozeßgericht geltenden Rechte nicht von den Gerichten verfügt, sondern im Auftrage der Parteien durch besondere Beamte bewirkt wird, dagegen nach dem Rechte des Orts, wo die Handlung vorzunehmen ist, zu dem Geschäftskreise der Gerichte gehört, so hat das zuständige Gericht dieses Orts auf den von der Partei unter Vorlegung der zuzustellenden oder der sonst erforderlichen Schriftstücke gestellten Antrag die Prozeßhandlung anzuordnen.

§ 6. Requisitionen und Parteianträge, welche durch Vermittelung der Staatsanwaltschaft an die Gerichte gelangen, sind in derselben Weise zu erledigen, als wenn sie unmittelbar von dem Prozeßgerichte eingesendet oder von der Partei gestellt wären.

§ 7. Eine im Wege der Rechtshülfe zu bewirkende Zwangsvollstreckung (Exekution) erfolgt nach den am Orte der Vollstreckung geltenden Vorschriften.

§ 8. Ueber Einwendungen, welche die Zulässigkeit der Rechtshülfe (§ 37), die Art und Weise der Vollstreckung oder das bei derselben zu beobachtende Verfahren betreffen, hat das Gericht des Vollstreckungsorts zu entscheiden.

Dasselbe gilt von Einwendungen, welche von dritten Personen wegen eines Anspruchs auf den Gegenstand der Vollstreckung erhoben werden.

Alle anderen Einwendungen gegen die Vollstreckung unterliegen der Entscheidung des Prozeßgerichts.

§ 9. Werden bei dem Vollstreckungsgerichte Einwendungen erhoben, über welche in Gemäßheit des § 8 das Prozeßgericht zu entscheiden hat, so kann das erstere, wenn ihm die Einwendungen erheblich und in thatsächlicher Beziehung glaubhaft erscheinen, die Vollstreckung vorläufig einstellen.

Im Falle der Einstellung ist für die Beibringung der Anordnung des Prozeßgerichts eine Frist zu bestimmen, nach deren fruchtlosem Ablaufe die Vollstreckung fortgesetzt wird.

§ 10. Sollen die in einem Rechtsgebiete, in welchem die Zwangsvollstreckung zum Geschäftskreise besonderer Beamten gehört, erlassenen Erkenntnisse in einem Rechtsgebiete vollstreckt werden, in welchem die Zwangsvollstreckung von den Gerichten geleitet wird, so hat das zuständige Gericht die Zwangsvollstreckung auf Antrag der Partei anzuordnen. Zu diesem Zwecke ist eine mit dem gerichtlichen Zeugnisse der Vollstreckbarkeit versehene Ausfertigung des Erkenntnisses vorzulegen.

§ 11. Wenn nach dem für das Prozeßgericht geltenden Rechte die Vollstreckung durch Einlegung eines Rechtsmittels gehemmt werden kann, so ist in dem Zeugnisse der Vollstreckbarkeit (§ 10) zu bemerken, welche Rechtsmittel die Vollstreckung hemmen, und binnen welcher Frist dieselben einzulegen sind.

Wird dem Vollstreckungsgerichte glaubhaft gemacht, daß ein Rechtsmittel, durch welches die Vollstreckung gehemmt wird, binnen der gesetzlichen Frist eingelegt ist, so hat dasselbe die Vollstreckung einzustellen.

Ein solches Rechtsmittel kann bei dem Vollstreckungsgerichte ohne Beobachtung einer besonderen Form eingelegt werden. Diese Einlegung wird jedoch wirkungslos, wenn sie nicht innerhalb der Nothfrist und spätestens binnen vierzehn Tagen seit dem Tage der Einlegung nach den am Orte des Prozeßgerichts geltenden Vorschriften wiederholt wird.

Hat das Vollstreckungsgericht in Gemäßheit der Vorschriften dieses Paragraphen die Einstellung der Vollstreckung angeordnet, so kann die betreibende Partei die Fortsetzung der Vollstreckung nur dann verlangen, wenn sie ein die Fortsetzung anordnendes oder das eingelegte Rechtsmittel verwerfendes Erkenntniß des Prozeßgerichts beibringt.

Die Bestimmungen dieses Paragraphen finden keine Anwendung, wenn für das Prozeßgericht dasselbe Prozeßrecht gilt, wie für das Vollstreckungsgericht.

§ 12. Sollen in einem Rechtsgebiete, in welchem die Zwangsvollstreckung zum Geschäftskreise besonderer Beamten gehört, die in einem anderen Bundesstaate oder in einem Rechtsgebiete, in welchem die Zwangsvollstreckung von den Gerichten geleitet wird, erlassenen Erkenntnisse oder sonstigen richterlichen Verfügungen vollstreckt werden, so sind sie von der zuständigen gerichtlichen Behörde des Orts der Vollstreckung mit der Vollstreckungsklausel zu versehen. Zu diesem Zwecke ist der Behörde eine von dem Prozeßgerichte mit dem Zeugnisse der Vollstreckbarkeit versehene Ausfertigung des Erkenntnisses oder der Verfügung vorzulegen.

Die Vollstreckungsklausel wird ohne Prüfung der Gesetzmäßigkeit der Entscheidung oder Verfügung und ohne Anhörung der Parteien ertheilt.

§§ 13—18 [aufgehoben durch § 3 Abs. 2 Nr. 2 EGKO.].

§ 19. Ist eine bürgerliche Rechtsstreitigkeit in einem Bundesstaate rechtshängig geworden oder rechtskräftig entschieden, so kann die Rechtshängigkeit oder die Rechtskraft vor jedem Gerichte desselben oder eines anderen Bundesstaates geltend gemacht werden.

Zweiter Abschnitt.

Von der Rechtshülfe in Strafsachen.

§ 20. Die Gerichte eines Bundesstaates haben in Strafsachen den Gerichten der anderen Bundesstaaten auf Requisition dieselbe Rechtshülfe zu leisten, wie den Gerichten des eigenen Staates, insoweit sich nicht aus den §§ 21 bis 33 ein Anderes ergiebt.

§ 21. Die Gerichte eines Bundesstaates sind verpflichtet, Personen, welche von den Gerichten eines anderen Bundesstaates wegen einer strafbaren Handlung verfolgt werden oder verurtheilt sind, diesen Gerichten auf Ersuchen auszuliefern, wenn die strafbare Handlung, wegen welcher die Auslieferung beantragt wird, in dem Gebiete des Bundesstaates verübt ist, welchem das ersuchende Gericht angehört.

Bei Anwendung dieser Vorschrift wird angenommen, daß eine mittelst der Presse verübte strafbare Handlung nur an dem Orte verübt sei, an welchem das Preßerzeugniß erschienen ist.

§ 22. Die Verpflichtung zur Auslieferung (§ 21) erstreckt sich auf die Auslieferung der Theilnehmer, einschließlich der intellektuellen Urheber, der Gehülfen und derjenigen Begünstiger, welche die Begünstigung vor Verübung der That zugesagt haben, auch dann, wenn die denselben zur Last fallenden Handlungen nicht in dem Gebiete des Staates begangen sind, in welchem das ersuchende Gericht sich befindet.

§ 23. Die Bestimmungen der §§ 21 und 22 finden auch dann Anwendung, wenn die Person, deren Auslieferung verlangt wird, dem Staate angehört, dessen Gericht um die Auslieferung ersucht ist.

§ 24. Die Auslieferung findet nicht statt, wenn in Ansehung der strafbaren Handlung in dem Staate, welchem das ersuchte Gericht angehört, ein Gerichtsstand begründet und das Strafverfahren früher anhängig geworden ist, als in dem Staate, welchem das ersuchende Gericht angehört.

Befindet sich die Person, deren Auslieferung verlangt wird, in dem Staate, welchem das ersuchte Gericht angehört, wegen einer anderen strafbaren Handlung in Untersuchung oder in Strafhaft, so kann die Auslieferung bis nach Erledigung der Untersuchung oder der Strafhaft abgelehnt werden.

§§ 25—27 [seit Inkrafttreten des RStGB. obsolet].

§ 28. Dem Ersuchen um Auslieferung ist eine Ausfertigung des gegen den Auszuliefernden erlassenen gerichtlichen Verhaftsbefehls oder des gegen ihn ergangenen rechtskräftigen Strafurtheils beizufügen.

In dem Verhaftsbefehle ist die Beschuldigung und das auf sie anzuwendende Strafgesetz genau zu bezeichnen, insbesondere Zeit und Ort der That anzugeben.

§ 29. In dringenden Fällen kann, unter Vorbehalt unverzüglicher Nachbringung eines vorschriftsmäßigen Auslieferungsantrages, die einstweilige Verhaftung des Auszuliefernden auf dem kürzesten, selbst auf telegraphischem Wege erwirkt werden.

§ 30. Die Sicherheitsbeamten eines Bundesstaates, insbesondere die Gendarmen sind ermächtigt, die einer strafbaren Handlung verdächtigen Personen unmittelbar nach verübter That, oder unmittelbar nachdem dieselben betroffen worden sind, im Wege der Nacheile bis in benachbarte Staatsgebiete zu verfolgen und daselbst festzunehmen. Der Festgenommene ist unverzüglich an die nächste Gerichts- oder Polizeibehörde des Bundesstaates, in welchem er ergriffen wurde, abzuliefern.

Zur selbstständigen Vornahme von Haussuchungen sind Sicherheitsbeamte des anderen Bundesstaates nicht befugt.

§ 31. Bei Auslieferung der Person sind zugleich die zum Beweise der strafbaren Handlung dienlichen Gegenstände, vorbehaltlich der Rechte dritter Personen, zu übergeben.

§ 32. Jeder Bundesstaat ist verpflichtet, die Durchführung von Personen und Gegenständen durch sein Staatsgebiet zum Behuf der Ueberlieferung an einen anderen Bundesstaat zu gestatten.

§ 33. Zur Vollstreckung eines in einem Bundesstaate erlassenen Strafurtheils sind die Gerichte eines anderen Bundesstaates nur dann verpflichtet, wenn die strafbare Handlung, wegen welcher die Strafe erkannt ist, im Gebiete des Bundesstaates, in welchem sich das ersuchende Gericht befindet, verübt ist

(§§ 21, 22), und wenn außerdem die Strafe entweder nur in das Vermögen des Verurtheilten zu vollstrecken ist oder in einer Freiheitsstrafe besteht, welche die Dauer von sechs Wochen nicht übersteigt.

Ist die Verpflichtung zur Vollstreckung einer Freiheitsstrafe begründet, so findet die Auslieferung zum Zwecke der Strafvollstreckung nicht statt.

Dem Ersuchen um Vollstreckung ist eine Ausfertigung des rechtskräftigen Strafurtheils beizufügen.

§ 34. Im Falle der Auslieferung darf die Untersuchung oder Strafvollstreckung auf andere Handlungen oder Strafen, als diejenigen, wegen welcher die Auslieferung erfolgt war, nicht erstreckt werden.

Die vorstehende Bestimmung findet auf die von dem Ausgelieferten nach der Auslieferung im Gebiete des Staates, welchem das ersuchende Gericht angehört, verübten strafbaren Handlungen keine Anwendung.

§ 35. Ist gegen eine Person von den Gerichten eines Bundesstaates wegen einer in diesem Staate begangenen strafbaren Handlung die Untersuchung eingeleitet, so findet, sofern die Verpflichtung zur Auslieferung durch die Bestimmungen der §§ 24 bis 26 nicht ausgeschlossen war, gegen diese Person in einem anderen Staate wegen derselben strafbaren Handlung eine Untersuchung nicht statt.

§ 36. Insoweit nach den Vorschriften der Landesgesetze die Requisitionen um Rechtshülfe in Strafsachen zu dem Geschäftskreise der Staatsanwaltschaft gehören, finden in Ansehung der von den Bundesstaaten gegenseitig zu gewährenden Rechtshülfe die Vorschriften, welche für die von den Gerichten erlassenen oder an diese gerichteten Requisitionen gelten, auch auf die von der Staatsanwaltschaft erlassenen oder an dieselbe gerichteten Requisitionen Anwendung. Eine Verhaftung, Haussuchung, Beschlagnahme, Auslieferung oder Strafvollstreckung kann jedoch bei einem Gerichte nur auf Grund eines gerichtlichen Beschlusses verlangt werden und nur auf Grund eines solchen Beschlusses erfolgen.

Dritter Abschnitt.

Allgemeine Bestimmungen.

§ 37. Die Rechtshülfe findet nicht statt, wenn die Vornahme der beantragten Handlung nicht zu dem Geschäftskreise des ersuchten Gerichts gehört, oder wenn eine Handlung des Gerichts, einer Partei oder eines Dritten beantragt wird, deren Vornahme nach dem für dieses Gericht geltenden Rechte verboten ist.

§ 38. Ueber die Zulässigkeit der nach diesem Gesetze zu leistenden Rechtshülfe und über die Rechtmäßigkeit der Verweigerung derselben wird ausschließlich von den Gerichten des Staates, welchem das ersuchte Gericht angehört, im geordneten Instanzenzuge entschieden.

§ 39. Bei Anwendung der Civil- und Strafprozeßgesetze, welche Vorschriften zum Nachtheile der Ausländer enthalten, sowie der Gesetze, welche sich auf den Konkurs über das Vermögen der Ausländer beziehen, ist jeder Norddeutsche als Inländer anzusehen.

Insoweit nach Vorschrift der Prozeßgesetze Zustellungen an Personen, welche im Auslande wohnen oder sich aufhalten, an die Staatsanwaltschaft mit derselben Wirkung, wie an diese Personen selbst, erfolgen, ist das Bundesgebiet als Ausland nicht anzusehen.

§ 40. Jeder Norddeutsche ist verpflichtet, auf Anordnung des Civil- oder Strafgerichts vor demselben zum Zwecke seiner Vernehmung als Zeuge zu erscheinen, auch wenn er einem anderen Bundesstaate angehört. Diese Vorschrift findet keine Anwendung auf Personen, welche nach dem am Wohnsitze derselben geltenden Rechte nicht verbunden sind, persönlich vor Gericht zu erscheinen oder in der betreffenden Sache Zeugniß abzulegen.

Gehört der Zeuge einem anderen Bundesstaate an, so ist seine Vorladung bei dem Gerichte seines Wohnsitzes zu beantragen. In diesem Falle ist der Zeuge befugt, die Zahlung der Entschädigung für Zeitversäumniß und Reisekosten nach der in dem einen oder dem anderen dieser Staaten geltenden Taxordnung zu fordern. Die Zahlung ist dem Zeugen auf Verlangen vorschußweise zu leisten.

§ 41. Die Injuriensachen, welche im Wege des

Civilprozesses verhandelt werden, gelten in Ansehung der Gewährung der Rechtshülfe als bürgerliche Rechtsstreitigkeiten. Soweit jedoch eine Strafe zu vollstrecken ist, kommen die Vorschriften des § 33 zur Anwendung.

§ 42. Ist von dem Strafrichter auf Civilentschädigung erkannt, so bestimmt sich die Gewährung der Rechtshülfe für die Vollstreckung des Erkenntnisses nach den Vorschriften über die Vollstreckung der in bürgerlichen Rechtsstreitigkeiten erlassenen Erkenntnisse.

§ 43. Die Kosten der Rechtshülfe sind von der ersuchenden Behörde zu bezahlen.

Wenn eine zahlungspflichtige Partei nicht vorhanden, oder wenn die zahlungspflichtige Partei unvermögend ist, so wird die Rechtshülfe kosten- und gebührenfrei geleistet. Es sind jedoch die baaren Auslagen, welche durch eine Auslieferung oder durch eine Strafvollstreckung entstehen, der ersuchten Behörde zu erstatten.

§ 44. Wird ein Gesuch um Rechtshülfe an eine nicht zuständige Behörde gerichtet, so hat diese das Gesuch an die zuständige Behörde abzugeben.

§ 45. Die Bestimmungen dieses Gesetzes finden auch auf bereits anhängige Sachen unter folgenden Beschränkungen Anwendung:

1) die Vollstreckung eines Civil- oder Straferkenntnisses, welches in einem Bundesstaate vor dem Zeitpunkte, in welchem dieses Gesetz in Kraft tritt, im Wege des Kontumazialverfahrens er-

gangen ist, findet in einem anderen Bundesstaate auf Grund dieses Gesetzes nicht statt;

2) die Bestimmungen der §§ 13 bis 18 finden keine Anwendung, wenn der Konkurs vor dem Zeitpunkte eröffnet ist, in welchem dieses Gesetz in Kraft tritt.

§ 46. Die zwischen einzelnen Bundesstaaten über Leistung der Rechtshülfe abgeschlossenen Verträge bleiben insoweit in Kraft, als sie mit gegenwärtigem Gesetze nicht im Widerspruche stehen.

Abteilung IV:

Sonstige Rechtshülfebestimmungen.

Die Anordnung der Abteilung IV ist von folgenden Gesichtspunkten aus erfolgt:

Vorangestellt sind GKG. und PatG., weil bei ihnen vom RG. die Anwendbarkeit der Rechtshülfebestimmungen des GVG. angenommen wird.

Es folgen dann mehrere Gesetze, die sich teils nur, teils auch mit einem Strafverfahren u. z. mit einem Verwaltungsstrafverfahren beschäftigen und so durch ihren Gegenstand an Abteilung I anknüpfen.

Ihnen angereiht sind das SeeUnfUntersG. und das Börsengesetz, von denen dieses ein Disziplinarverfahren und jenes ein disziplinarähnliches Verfahren regelt.

Daran schließen sich die Arbeiterversicherungsgesetze, die sich, von der öffentlichrechtlichen Natur des den Versicherten gewährten Anspruchs abgesehen, mit den Zivilprozeßgesetzen berühren.

Den Schluß macht das PrivVUntG.

Die Bestimmungen über die militärischen Ehrengerichte sind, weil sie teilweise nur preußische, durch Reichsrecht eingeführte Normen sind, als Nachtrag gebracht.

XIII. Gerichtskostengesetz.
Vom 18. Juni 1878.

In der Fassung vom 20. Mai 1898 (RGBl. 659).

§ 99. Die Behörden haben einander zum Zwecke der Einziehung von Gebühren und Auslagen nach näherer Bestimmung der vom Bundesrath zu erlassenden Anweisung Beistand zu leisten.

1. Die im § 99 vorbehaltene Anweisung ist unter dem 23. April 1880 (RZBl. 278) ergangen und lautet:

„Für die Einziehung der in einem anderen Bundesstaat erwachsenen Gerichtskosten werden auf Grund des § 99 des Gerichtskostengesetzes vom 18. Juni 1878 (Reichs-Gesetzbl. S. 141) die nachstehenden Bestimmungen getroffen.

§ 1. Das Ersuchen ist von der Behörde (Kasse) zu erlassen, welcher die zwangsweise Beitreibung nach den landesgesetzlichen Bestimmungen obliegt.

Die ersuchte Behörde hat nicht zu prüfen, ob die Kostenrechnung dem Zahlungspflichtigen mitgeteilt ist.

§ 2. Dem Ersuchen ist eine Reinschrift der Kostenrechnung beizufügen. Dieselbe muß unter Beidrückung des Gerichtssiegels von dem Gerichtsschreiber unterschrieben sein und enthalten:

1. den Namen des Zahlungspflichtigen,
2. die Bezeichnung der Sache,
3. die einzelnen Kostenansätze mit Hinweis auf die angewendete Vorschrift des Kostengesetzes,
4. die Gesamtsumme der Kosten.

§ 3. Das Ersuchen ist an diejenige Behörde zu richten, welche die zwangsweise Einziehung zu betreiben hätte, wenn die Kosten bei dem Amtsgerichte entstanden wären, in dessen Bezirk der Zahlungspflichtige seinen Wohnsitz oder Aufenthaltsort hat, oder wenn die Gegenstände der Zwangsvollstreckung sich in einem anderen Bezirke befinden, an die zur Beitreibung von Gerichtskosten zuständige Behörde dieses Bezirks.

Diese Behörde betreibt die Einziehung und sorgt für Übersendung der eingezogenen Beträge an die ersuchende Behörde; sie vertritt dieselbe bei allen zur Einziehung oder Sicherstellung erforderlichen Maßregeln. Die Zwangsvollstreckung ist in gleichem Umfange zulässig, wie für eine Kostenforderung des Staates, welchem die ersuchte Behörde angehört. Die endgültigen Entscheidungen über Stundungen und Niederschlagungen verbleiben der ersuchenden Behörde.

§ 4. Alle Postsendungen einschließlich der Geld- und Wertsendungen sind von der absendenden Behörde frankiert abzulassen.

Die ersuchende Behörde hat weder der ersuchten Behörde noch den Vollziehungsbeamten für das Einziehungs- und Beitreibungsverfahren Gebühren oder Auslagen zu erstatten.

§ 5. Sollen die Kosten des Strafverfahrens gleichzeitig mit der in diesem Verfahren festgesetzten Geldstrafe durch einen Gerichtsvollzieher beigetrieben werden, so kann die Vermittelung des Gerichtsschreibers (§ 162 Gerichtsverfassungsgesetz) auch für die Einziehung der Kosten in Anspruch genommmen werden."

2. § 99 GKG. findet seine Ergänzung im § 75 KonsGG., der bestimmt:

„Die bei der Ausübung der Konsulargerichtsbarkeit mitwirkenden Behörden haben einander zum Zwecke der Erhebung und Beitreibung der Kosten Beistand zu leisten.

Das gleiche gilt für die Beistandsleistung unter diesen Behörden und den Behörden im Reichsgebiet oder in den deutschen Schutzgebieten. Dabei finden die gemäß § 99 des Gerichtskostengesetzes (Reichs-Gesetzbl. 1898 S. 659) erlassenen Vorschriften über den zum Zwecke der Einziehung von Gerichtskosten unter den Bundesstaaten zu leistenden Beistand entsprechende Anwendung."

3. Von § 75 KonsGG. und dem ihn für anwendbar erklärenden § 3 SchutzgebG. abgesehen hat eine reichsrechtliche Ausdehnung des Geltungsgebiets des § 99 GKG. nicht stattgefunden, insbesondere nicht auf die Kosten in Sachen der freiwilligen Gerichtsbarkeit. S. aber Anm. zu § 2 BeistG.

4. § 99 verpflichtet nicht zur Rechtshülfe, sondern zum Bei-

stande, was in einem Gesetze, das zugleich mit dem GVG. in Kraft getreten ist, doch recht charakteristisch ist. Das Reichsrecht beruft auch keineswegs, wie in § 158 GVG., ein Gericht als Unterstützungsorgan, die Bundesratsanweisung bemißt es vielmehr nach Landesrecht, welche Behörde zu ersuchen ist. Ein anderer Weg war ja auch, da das GKG. gar nicht die Art und Weise regelt, in der die von ihm normierten Gerichtskosten zu erheben sind, nicht wohl gangbar. Ebenso läßt bezüglich der Frage, welche Behörde das Ersuchen zu erlassen hat, die BRAnw. das Landesrecht entscheiden. Es handelt sich also um Ersuchen, bei denen das Reichsrecht weder bestimmt, daß sie gerade von einem Gerichte zu erlassen, noch daß sie gerade von einem Gerichte zu erledigen sind. Ersuchen um „Rechtshülfe" im Sinne des GVG. stehen daher selbst dann nicht in Frage, wenn gerade ein AG. ein anderes AG. ersucht. A. M. RGRspr. **10** 392 (I. StS. 14. 5. 88) ohne jede nähere Begründung.

5. Die BRAnw. regelt erschöpfend die an das Ersuchen zu stellenden Anforderungen. Das Landesrecht kann weitergehende Voraussetzungen für die Beistandsleistung nicht wirksam aufstellen. RGRspr. a. a. O.

6. Bei Ablehnung des Beistandes findet nur Aufsichtsbeschwerde statt. RGRspr. a. a. O. läßt den Instanzenzug des GVG. zu.

XIV. Patentgesetz.

Vom 7. April 1891 (RGBl. 79).

§ 32. Die Gerichte sind verpflichtet, dem Patentamt Rechtshülfe zu leisten. Die Festsetzung einer Strafe gegen Zeugen und Sachverständige, welche nicht erscheinen oder ihre Aussage oder deren Beeidigung verweigern, sowie die Vorführung eines nicht erschienenen Zeugen erfolgt auf Ersuchen durch die Gerichte.

1. Für die dem Patentamte zu leistende Rechtshülfe gilt weder GVG. noch RHG. (vgl. die Einleitung). Das RG. hat dagegen RGZ. **33** 423 fg. (I. ZS. 19. 9. 94) nicht nur die Bestimmungen des GVG. zur Anwendung gebracht — für deren Anwendung auch OLG. Karlsruhe BadRpr. **03** 158 (13. 3. 03) —, es zieht außerdem auch noch zur Begründung des speziellen, in Frage stehenden Ersuchens das RHG. heran. Diese gleichzeitige Anwendung zweier einander im Geltungsbereiche ausschließender Gesetze ist eine der vielen Merkwürdigkeiten der gedachten Entscheidung.

Diese Entscheidung verpflichtet die Gerichte, auf Ersuchen des Patentamts dessen Kostenfestsetzungsbeschlüsse mit der Vollstreckungsklausel zu versehen. Das ist unhaltbar.

Das RG. behandelt selbst die patentamtlichen Kostenentscheidungen als Vollstreckungstitel (a. a. O. 424), wobei allerdings zweifelhaft bleibt, ob es lediglich die Kostenentscheidung des § 31 PatG. oder den Kostenfestsetzungsbeschluß oder — so scheint es — beide Entscheidungen im Auge hat. Ist der patentamtliche Kostenfestsetzungsbeschluß nicht vollstreckbar, so ist nicht ersichtlich, wie die Gerichte ihm durch eine Vollstreckungsklausel sollten Vollstreckbarkeit verleihen können. Ist er dagegen an sich vollstreckbar, weshalb sollen die Gerichte und nicht das Patentamt die Vollstreckungsklausel erteilen, wenn es überhaupt einer bedarf? Gibt es einen allgemeinen Grundsatz des deutschen Rechts, daß auch außerhalb des Geltungsbereichs der ZPO. Vollstreckungen nur auf Grund einer Vollstreckungsklausel zulässig sind? Die Verneinung kann nicht fraglich sein. Dann aber — und diesen Punkt berührt das RG. mit keinem Worte — wird doch die Vollstreckungsklausel der ZPO. nicht vom Gerichte, sondern vom Gerichtsschreiber erteilt. Es könnte also selbst bei Anwendbarkeit des GVG. ihre Erteilung nicht im Wege der dem § 157 GVG. unterfallenden Rechtshülfe („Rechtshülfe") nachgesucht werden.

2. Auch für den Begriff der Rechtshülfe im Sinne des § 32 kann auf das GVG. nicht zurückgegriffen werden. Für das PatG. von 77 war dies nicht angängig, weil das PatG. vor dem GVG. in Kraft trat. Aber auch bei dem PatG. von 91 ist das Zurückgehen auf GVG. nicht zu begründen. Die Reichsgesetzgebung

hat nämlich das Wort Rechtshülfe in der Zeit nach dem Erlaß der Reichsjustizgesetze keineswegs nur in dem im GVG. gebrauchten Sinne angewandt, wie § 101 UVG. (1884) zeigt (vgl. die Einleitung).

3 a. Will man nun den Begriff der Rechtshülfe im Sinne des § 32 feststellen, so könnte man hierzu den Satz 2 dieses § heranzuziehen versuchen und davon ausgehen, daß die Tätigkeiten, zu denen nach Satz 2 die Gerichte auf Ersuchen des Patentamts verpflichtet sind, nicht den Gegenstand einer Rechtshülfeleistung bilden, da sonst Satz 2 völlig überflüssig erschiene. Da nun die im Satz 2 erwähnte Straffestsetzung und Vorführung durch die Gerichte „erfolgt" d. h. nur durch sie erfolgen kann, also nicht auch dem Patentamte zusteht, käme man dazu, den Unterschied zwischen dem Gegenstand von Rechtshülfeersuchen und den Ersuchen des Satzes 2 darin zu finden, daß ein Ersuchen um Rechtshülfe im Sinne des § 32 voraussetzt, daß eine Handlung nachgesucht wird, die an sich auch die ersuchende Stelle vornehmen könnte. Allein der gedachte, für das GVG. zutreffende Grundsatz ist dem PatG. nicht zu entnehmen. Der § 32 ergibt in keiner Weise, daß die Tätigkeit nach Satz 2 in ihrem Wesen von derjenigen nach Satz 1 verschieden sein soll. Die Bedeutung des Satzes 2 liegt vielmehr nur darin, eine direkte Tätigkeit des PatA. auszuschließen.

b. Dagegen muß, soll Rechtshülfe in Frage kommen, eine Handlung begehrt werden, die überhaupt von Gerichten und weiter von der angegangenen Art von Gerichten auch sonst auf Ersuchen zu erledigen ist: denn dadurch kann die Zuständigkeit einer Behörde eine Erweiterung nicht erfahren, daß sie von einer anderen Behörde um Vornahme von Tätigkeiten ersucht wird. Bei Ersuchen, die bei Anwendbarkeit des GVG. Ersuchen um „Rechtshülfe" wären, sind also die Amtsgerichte anzugehen. Das gleiche gilt (vgl. Anm. 3 b zu SeeUnfUntersG.) von den Ersuchen nach Satz 2.

Sind die Zeugen oder Sachverständigen Militärpersonen, die dem aktiven Heere oder der aktiven Marine angehören, so kann das AG. nichts weiter tun, als in entsprechender Anwendung der §§ 380 Abs. 4, 390 Abs. 4 ZPO. das Militärgericht oder die Militärbehörde zu ersuchen. Ein direktes Ersuchen des PatA. an die militärischen Stellen sieht das Gesetz nicht vor.

Ihre sachliche und örtliche Zuständigkeit hat die ersuchte Behörde nachzuprüfen.

c) Endlich darf nicht eine Handlung nachgesucht werden, zu deren direkter Vornahme das Gesetz verpflichtet oder für die es auf andere Behörden, als die Gerichte, zwecks Unterstützung verweist.

d) Wie § 159 Abs. 2 GVG. und §§ 12, 13 EGMStGO. die Rechtshülfepflicht bei Ersuchen um Vornahme verbotener Handlungen (s. über den Begriff Anm. 4 zu § 159 GVG.) verneinen, so bestimmt gleiches nicht nur § 37 RHG., sondern auch § 3 BeistG. Derselbe Grundsatz darf danach auch hier als im Sinne des Gesetzes liegend erachtet werden.

4. Es wäre danach ein Ersuchen um Rechtshülfe z. B. nicht gegeben bei Ersuchen um Zustellungen, da die Art der Bewirkung der Zustellungen durch die VO. vom 11. Juli 1891 (RGBl. 349) im § 12 ohne Zulassung eines Ersuchens um Zustellung geregelt ist.

5. Zu beachten ist aber auch, daß § 32 ohne Rücksicht auf das Verfahrensstadium gilt, in dem das PatA. tätig wird. Er gilt auch für das Patenterteilungsverfahren, in dem nach § 25 PatG. „jederzeit die Ladung und Anhörung der Beteiligten, die Vernehmung von Zeugen und Sachverständigen, sowie die Vornahme sonstiger, zur Aufklärung der Sache erforderlicher Ermittelungen angeordnet werden“ kann. Er gilt ferner auch, wenn das Reichsgericht als Berufungsinstanz in Patentnichtigkeits- oder Patentzurücknahmesachen gemäß § 5 Abs. 2 der VO. vom 6. Dezember 1891 (RGBl. 389) Beweiserhebungen „durch Vermittelung des Patentamts“ erfolgen läßt.

6. Mangels einschränkender Vorschrift, wie sie nicht nur in § 165 GVG., sondern z. B. auch in § 144 GewUVG., § 172 InvVG., § 79 PrivVUntG. enthalten ist, muß angenommen werden, daß die gesamten, durch die Rechtshülfeleistung entstandenen Kosten zu erstatten sind.

7. Für Beschwerden, die die Erledigung des Rechtshülfeer-

suchens betreffen, kommt nach Reichsrecht nur Entscheidung im Aufsichtswege in Frage. Dem Landesrechte ist es natürlich unbenommen, gegenüber den Behörden des eigenen Staates durch besondere Bestimmung prozessuale Beschwerderechte zu geben (vgl. Anm. 6 a. E. zu § 144 GewUVG.), ohne freilich Reichsbehörden mit Erledigung der Beschwerden befassen zu können.

XV. Gesetz über das Postwesen des Deutschen Reichs.

Vom 28. Oktober 1871 (RGBl. 347).

§ 38. Die Zeugen sind verbunden, den an sie von den Postbehörden ergehenden Vorladungen Folge zu leisten. Wer sich dessen weigert, wird dazu auf Requisition der Postbehörden durch das Gericht in gleicher Art, wie bei gerichtlichen Vorladungen, angehalten.

1. Post- und Portodefraudationen können die Postbehörden im Wege des Verwaltungsstrafverfahrens verfolgen. In diesem besteht ihnen gegenüber Zeugniszwang. Derselbe verpflichtet jedoch nur, „den . . . Vorladungen Folge zu leisten", er ist also lediglich Zwang zum Erscheinen. Ein Zwang zur Aussage besteht nicht.

§ 38 betrifft nur Zeugen, nicht auch Sachverständige.

2. Das Ersuchen gemäß § 38 Satz 2 geht auf Erlaß derjenigen Maßregeln, die nach der jeweils geltenden Gesetzgebung den ordentlichen Gerichten an die Hand gegeben sind, um vor ihnen den Zwang zum Erscheinen zu realisieren. Es kommt also jetzt § 50 StPO. in Betracht.

3. Das Ersuchen ist an „das Gericht" zu richten. Es wird darunter ebenso, wie bei § 32 PatG., jetzt nur ein AG. zu verstehen sein.

Wenn der in Betracht kommende Zeuge eine dem aktiven Heere oder der aktiven Marine angehörende Militärperson ist, so gilt auch hier das in Anm. 3 b zum PatG. Gesagte.

Vgl. auch wegen Prüfung der Zuständigkeitsfrage durch den ersuchten Richter Anm. 3 b zum PatG. und wegen Ersuchen um Vornahme verbotener Handlungen Anm. 3 d ebenda.

4. Auf die Behandlung des Ersuchens finden die Bestimmungen des GVG. keine Anwendung.

Wegen Beschwerden über Ablehnung von Ersuchen s. Anm. 2 zu §§ 7, 8 BeistG., deren Ausführungen auch hier zutreffen.

XVI. Gesetz über den Beistand bei Einziehung von Abgaben und Vollstreckung von Vermögensstrafen.

Vom 9. Juni 1895 (RGBl. 256).

§ 1. Die Behörden verschiedener Bundesstaaten haben einander auf Ersuchen Beistand zu leisten:

1. zum Zweck der Erhebung und Beitreibung
   a) der Zölle, der in die Reichskasse fließenden Steuern und der Uebergangsabgaben,
   b) der für einen Bundesstaat, für politische, Kirchen- und Schulgemeinden, sowie für weitere kommunale und kirchliche Verbände einzuziehenden öffentlichen Abgaben,
   c) sonstiger öffentlicher Abgaben, einschließlich der Beiträge an öffentlich rechtliche Verbände, Genossenschaften und Anstalten, soweit diese Abgaben oder Beiträge nach Reichs- oder Landesrecht in derselben Weise beigetrieben werden, wie die unter b bezeichneten Abgaben;
2. zum Zweck der Durchführung des Verwaltungsstrafverfahrens wegen Zuwiderhandlungen gegen die Vorschriften über die Erhebung der in Nr. 1 bezeichneten Abgaben und Gefälle;

3. **zum Zweck der Vollstreckung von Vermögensstrafen, welche gemäß § 453 der Strafprozeßordnung durch polizeiliche Verfügung oder gemäß § 101 der Seemannsordnung vom 27. Dezember 1872 (Reichs-Gesetzbl. S. 409) durch Bescheid eines Seemannsamts festgesetzt worden sind.**

Unter die Bestimmungen der Nr. 1 b und c fallen auch die durch ein gerichtliches oder Verwaltungsverfahren entstandenen Gebühren und Auslagen, soweit nicht § 99 des Gerichtskostengesetzes vom 18. Juni 1878 (Reichs-Gesetzbl. S. 141) Anwendung findet.

1. Das BeistG. betrifft — von §§ 7, 8, 10 abgesehen — nur den Beistand zwischen Behörden verschiedener Bundesstaaten, dagegen nicht denjenigen zwischen Reichs- und Landesbehörden oder zwischen Behörden desselben Bundesstaats. Im ersteren Falle kommt das sonstige Reichsrecht, im letzteren Falle das Landesrecht zur Anwendung. Als Bundesstaat im Sinne des BeistG. gilt auch Elsaß-Lothringen.

2. An die Stelle des § 101 SeemO. (1872) sind jetzt die §§ 122 fg. der SeemO. (1902) getreten.

§ 1 Nr. 3 betrifft nur die Vollstreckung von Vermögensstrafen, nicht auch diejenige eventuell verhängter Freiheitsstrafen. OLG. Darmstadt DIZ **3** 211/2 (6. 4. 98).

3. Über den Umfang der Geltung des § 99 GKG. s. Anm. 3 dazu, vgl. auch Anm. zu § 9 BeistG.

4. Der „Beistand", zu dessen Leistung das Gesetz die Behörden verschiedener Bundesstaaten untereinander verpflichtet, umfaßt alle zur Erreichung der Zwecke des § 1 an sich dienlichen Handlungen. Man wird hier, wie beim PatG.

a) nicht annehmen können, daß eine Handlung in Frage kommen muß, zu deren Vornahme an sich die ersuchende Behörde befugt wäre. § 8 BeistG. ist ebensowenig als eine Ausnahmevorschrift zu deuten, wie in § 32 Abs. 2 PatG. ein

Gegensatz zu dessen Abs. 1 zu finden ist (s. Anm. 3a zum PatG.).

Die Handlung, betreffs deren der Beistand begehrt wird, muß dagegen

b) eine solche sein, die nicht nach dem für die ersuchende Stelle gültigen Rechte von ihr selbst vorgenommen werden muß, die sie vielmehr durch eine andere Stelle vornehmen lassen kann: denn das BeistG. will nicht die den Behörden eines Bundesstaats obliegende Tätigkeit auf die Behörden eines anderen Bundesstaats abwälzen, sondern nur die zur Durchführung der Zwecke des § 1 nötige Hülfe sichern.

§ 2. Verpflichtet zur Gewährung des Beistandes sind, soweit nicht landesrechtlich besondere Bestimmungen hierüber bestehen, diejenigen Behörden, welche zu Handlungen der beantragten Art in dem entsprechenden Geschäftskreise ihres Staates berufen sind. Fehlt es an einer hiernach verpflichteten Behörde, so haben die Landesregierungen solche zu bestimmen.

Der Beistand ist zu leisten

a) von den landesrechtlich hierzu bestimmten Behörden.

Fehlt es an besonderen einschlägigen Bestimmungen, so liegt die Beistandsleistung

b) denjenigen Behörden ob, „welche zu Handlungen der beantragten Art in dem entsprechenden Geschäftskreise ihres Staates berufen sind". M. a. W. es fragt sich, welche Behörde würde die Handlung, die jetzt Gegenstand des Beistandsersuchens ist, vorzunehmen berufen sein, wenn nicht nur diese Handlung, sondern das ganze Verfahren, das sie betrifft, sich in den Grenzen des Bundesstaates abspielte, dem die ersuchte Stelle angehört, wenn also nicht zur Erledigung eines Beistandsersuchens zu handeln wäre.

c) Fehlt es auch an einer nach b zuständigen Behörde, so hat die Landesregierung die zur Erledigung des Beistandsersuchens verpflichtete Behörde zu bestimmen. Die Bestimmung kann allgemein oder auch besonders für den einzelnen Fall geschehen.

Die ersuchte Behörde hat ihre örtliche und sachliche Zuständigkeit nachzuprüfen s. § 5 BeistG.

§ 3. **Die Gewährung des Beistandes findet nicht statt, wenn zu einem der im § 1 angeführten Zwecke eine Handlung beantragt wird, die nach dem für die ersuchte Behörde geltenden Rechte zu diesem Zweck nicht vorgenommen werden darf.**

Die Gewährung des Beistandes kann behufs Abwendung einer Doppelbesteuerung versagt werden.

Im Falle des Abs. 1 findet die Gewährung des Beistandes nicht statt, d. h. sie darf nicht stattfinden. Im Falle des Abs. 2 „kann" die Gewährung des Beistandes versagt werden, ein Zwang zur Versagung besteht nicht.

§ 4. **Die Voraussetzungen der Beistandsleistung nach § 1 sowie die Vollstreckbarkeit des Anspruchs richten sich nach den für die ersuchende Stelle maßgebenden Vorschriften. Die Vollstreckbarkeit ist in dem Ersuchungsschreiben zu bescheinigen.**

Die Art und Weise der Beistandsleistung richtet sich nach den am Orte der Vollziehung geltenden Bestimmungen.

1. Die ersuchte Stelle hat nur zu prüfen, ob die nachgesuchte Handlung den Zwecken des § 1 dienen soll, die Notwendigkeit oder Zweckmäßigkeit der begehrten Handlung unterliegt ihrer Nachprüfung nicht.

2. Ist die Vollstreckbarkeit in dem Ersuchungsschreiben bescheinigt, so ist diese Frage der Nachprüfung durch die ersuchte Stelle entzogen (vgl. § 5).

§ 5. Ueber die Zulässigkeit des Beistandes, über Einwendungen, welche die Art und Weise der Beistandsleistung betreffen, sowie über die Versagung der Beistandsgewährung im Falle des § 3 Abs. 2 entscheiden die zuständigen Behörden desjenigen Bundesstaates, welchem die ersuchte Stelle angehört.

Einwendungen, welche den Anspruch selbst oder die Vollstreckbarkeit desselben betreffen, unterliegen der Entscheidung der zuständigen Behörden desjenigen Bundesstaates, welchem die ersuchende Stelle angehört.

§ 6. Werden gegen die Vollstreckung Einwendungen erhoben, über welche die im § 5 Abs. 2 bezeichneten Behörden zu entscheiden haben, so kann die Vollstreckungsbehörde, wenn ihr die Einwendungen erheblich und in thatsächlicher Beziehung glaubhaft erscheinen, die Vollstreckung vorläufig einstellen.

Welche speziellen Behörden zuständig sind, bestimmt das Reichsrecht nicht, insbesondere sind nicht etwa kraft Reichsrechts, wenn der Beistand von den ordentlichen Gerichten geleistet wird, die Bestimmungen des § 160 GVG. maßgebend. A. M. OLG. Darmstadt DJZ. 3 211/2 (6. 4. 98). Die spezielle Zuständigkeit und der Instanzenzug bemißt sich vielmehr nach den Normen, die zur Anwendung kämen, wenn die ersuchende Stelle demselben Bundesstaate, wie die ersuchte Stelle, angehörte.

§ 7. Jede von einer zuständigen Behörde eines Bundesstaates wegen einer Zuwiderhandlung gegen die Vorschriften über die Erhebung der im § 1 Nr. 1 bezeichneten Abgaben und Gefälle einzuleitende Untersuchung und zu erlassende Strafentscheidung kann

auch gegen diejenigen Theilnehmer und Begünstiger gerichtet werden, welche einem anderen Bundesstaate angehören.

§ 8. In dem Verwaltungsstrafverfahren (§ 1 Nr. 2) haben die Amtsgerichte auf Ersuchen Zeugen und Sachverständige eidlich zu vernehmen. Hinsichtlich der Vernehmung und Beeidigung finden die Vorschriften der Strafprozeßordnung Buch I, Abschnitt 6 und 7 Anwendung.

1. Die §§ 7 und 8 betreffen beide das Verwaltungsstrafverfahren. § 7 geht insofern über den aus dem Namen des Gesetzes ersichtlichen Rahmen desselben hinaus, als er ohne Rücksicht darauf gilt, ob ein Beistandsersuchen in Frage kommt oder nicht in Frage kommt. In § 8 steht allerdings stets ein Ersuchen in Frage, aber dieses braucht nicht ein solches zu sein, bei dem ersuchende und ersuchte Stelle verschiedenen Bundesstaaten angehören, die Allegierung „§ 1 Nr. 1" will ganz offenbar nur die Nr. 1 des § 1, nicht auch den einleitenden Satz des § 1, zur Erläuterung des Wortes „Verwaltungsstrafverfahren" heranziehen. LG. Colmar ElsLothrZ. **23** 558/9 (ohne Datum). § 8 gilt also auch, wenn

a) die ersuchende Stelle demselben Bundesstaate angehört, wie das ersuchte Amtsgericht (LG. Colmar a. a. O.),

b) ersuchende Stelle eine Reichsbehörde ist. Dies kann, da zu den „sonstigen öffentlichen Abgaben" des § 1 Nr. 1 c jedenfalls auch die Postgefälle zu rechnen sein werden, z. B. bei Post- und Portodefraudationen praktisch werden.

2. Die Ersuchen nach § 8 sind keine Ersuchen um „Rechtshülfe", auf die § 160 GVG. Anwendung fände. OLG. Colmar ElsLothrZ. **23** 462 (28. 5. 98). Da die Erledigung der Ersuchen nach Maßgabe der StPO. erfolgt, und die Verwaltungsbehörde im Verwaltungsstrafverfahren vor Erlaß des Strafbescheides eine der StA. ähnliche Stellung einnimmt, die Ersuchen nach § 8 daher den Anträgen des § 160 StPO. zu parallelisieren sind,

wird man bei Ablehnung des Ersuchens der ersuchenden Stelle die Beschwerde nach § 346 StPO. zu gewähren haben. OLG. Colmar a. a. O.

Auch im Falle des § 8 handelt es sich um Leistung von Beistand.

§ 9. Im Falle der Gewährung von Beistand zwischen Behörden verschiedener Bundesstaaten sind die hierdurch entstehenden baaren Auslagen der ersuchten Behörde von der ersuchenden zu erstatten.

Weitere Kosten werden von der ersuchenden Behörde nicht erstattet.

Ist eine zahlungspflichtige Person vorhanden, so sind die Kosten, soweit die ersuchte Behörde diese nicht selbst beitreiben kann, von der ersuchenden Behörde einzuziehen. Der eingezogene Betrag ist der ersuchten Behörde zu übersenden.

Es steht nichts im Wege, daß die beteiligten Bundesstaaten durch Vereinbarung allgemein auf die von ihnen nach § 9 Abs. 1 an sich zu beanspruchende Erstattung von Auslagen verzichten. Es ist dies geschehen hinsichtlich des Beistandes zum Zwecke der Einziehung von Kosten in Grundbuchsachen und in den durch Reichs- oder Landesgesetz den Gerichten übertragenen Angelegenheiten der freiwilligen Gerichtsbarkeit (JMBl. **01** 62, **03** 88).

§ 10. Die Vorschriften dieses Gesetzes finden entsprechende Anwendung auf die Beistandsleistung der Landesbehörden zum Zweck der Beitreibung von Geldstrafen, welche gemäß § 101 der Seemannsordnung durch Bescheid eines deutschen Seemannsamts im Auslande festgesetzt worden sind.

1. Vgl. Anm. 2 zu § 1 BeistG.

2. § 125 SeemO. (1902) und § 14 KaisWilhKanG. enthalten weitere Ausdehnungen des Geltungsbereichs des BeistG.

§ 11. Staatsverträge, nach welchen die Behörden verschiedener Bundesstaaten einander weitergehenden Beistand zu leisten haben, als in diesem Gesetze vorgesehen ist, bleiben unberührt.

XVII. Gesetz, betreffend die Gebühren für die Benutzung des Kaiser Wilhelm-Kanals.

Vom 20. Juni 1899 (RGBl. 315).

§ 10. Die Geldstrafen wegen Zuwiderhandlung gegen die Vorschriften des § 8 werden durch Strafbescheid gemäß § 459 der Strafprozeßordnung festgesetzt. Zuständig zum Erlasse des Bescheids ist der Vorsteher des Kanalamts . . . .

Behufs Feststellung des Thatbestandes kann das Kanalamt den Beschuldigten zur Vernehmung laden. Ein Zwang zum persönlichen Erscheinen findet nicht statt. Das Kanalamt ist befugt, Zeugen gemäß den Vorschriften der Strafprozeßordnung zu laden und zu vernehmen. Wer der Zeugnißpflicht nicht nachkommt, wird dazu auf Ersuchen des Kanalamts unter entsprechender Anwendung der §§ 50, 69 der Strafprozeßordnung durch das Gericht, in dessen Bezirke er wohnt oder sich aufhält, angehalten.

1. § 8 KaisWilhKanG. regelt die Bestrafung von Hinterziehung der Kanalgebühren.

2. Die Zitate am Ende des Abs. 2 zeigen, daß den Zeugen nicht nur die Pflicht zum Erscheinen, sondern auch die Pflicht zur Aussage und zur Eidesleistung dem Kanalamte gegenüber obliegt.

3. Die Ersuchen gemäß Abs. 2 sind an die Amtsgerichte zu richten (vgl. Anm. 3 b zum SeeUnfUntersG.).

Wegen Prüfung der Zuständigkeitsfrage durch den ersuchten Richter s. Anm. 3 b zum PatG., wegen Ersuchen um Vornahme verbotener Handlungen s. Anm. 3 d ebenda.

4. Gegen die Ablehnung wird aus gleichem Grunde, wie im Falle des § 8 BeistG. (s. Anm.2 dazu), prozessuale Beschwerde nach § 346 StPO. zu gewähren sein.

§ 14. Die Vorschriften des Gesetzes über den Beistand bei Einziehung von Abgaben und Vollstreckung von Vermögensstrafen vom 9. Juni 1895 (Reichs-Gesetzbl. S. 256) finden auf die Beitreibung der Kanalgebühren und die Durchführung des Verwaltungsstrafverfahrens wegen Zuwiderhandlungen gegen § 8 entsprechende Anwendung.

XVIII. Seemannsordnung.

Vom 2. Juni 1902 (RGBl. 175).

§ 125. Der Bescheid des Seemannsamts ist in Betreff der Beitreibung der Geldstrafe vorläufig vollstreckbar.

Die Vollstreckung der Strafbescheide der inländischen Seemannsämter erfolgt durch die landesgesetzlich hierzu bestimmten Behörden. Die Vollstreckung der von einem Seemannsamt im Ausland erlassenen Strafbescheide erfolgt gebührenfrei durch dieses selbst . . . .

Die im Absatz 2 bezeichneten inländischen Vollstreckungsbehörden haben auf Ersuchen auch die von einem Seemannsamt außerhalb ihres Amtsbereichs erlassenen Strafbescheide gegen die innerhalb ihres

Amtsbereichs befindlichen Personen zu vollstrecken. Auf die Erledigung des Ersuchens finden die Vorschriften des Gesetzes über den Beistand bei Einziehung von Abgaben und Vollstreckung von Vermögensstrafen vom 9. Juni 1895 (Reichs-Gesetzbl. S. 256) entsprechende Anwendung.

XIX. Gesetz, betreffend die Untersuchung von Seeunfällen.

Vom 27. Juli 1877 (RGBl. 549).

§ 18. Das Seeamt ist befugt, Beweis durch Einnahme des Augenscheins zu erheben, Zeugen und Sachverständige zu laden und dieselben eidlich zu vernehmen.

§ 19. Soweit dieses Gesetz nicht abweichende Bestimmungen enthält, finden auf das Verfahren die Bestimmungen des Gerichtsverfassungsgesetzes Titel 15 und 16 und der Strafprozeßordnung Buch 1, Abschnitt 3, 6 und 7 entsprechende Anwendung.

Die Festsetzung und Vollstreckung von Strafen gegen Zeugen und Sachverständige, sowie die Vorführung eines nicht erschienenen Zeugen erfolgen auf Ersuchen durch das zuständige Gericht. Anordnung der Haft zur Erzwingung eines Zeugnisses findet nicht statt.

§ 20. Anträgen des Seeamts sind die Gerichte und die in § 14 genannten Behörden innerhalb ihrer Zuständigkeit zu entsprechen verpflichtet.

§ 30. Das Ober-Seeamt kann eine Ergänzung oder Wiederholung der Beweisaufnahme vornehmen oder anordnen. Die in §§ 18—24 enthaltenen Bestimmungen über das Verfahren bei den Seeämtern finden auf das Ober-Seeamt Anwendung.

. . . .

. . . .

1. Das SeeUnfUntersG. ist am 1. 1. 78, also vor dem GVG., in Kraft getreten. Es brachte die in § 19 Abs. 1 erwähnten Teile des GVG. und der StPO. für das seeamtliche Verfahren zur Geltung, bevor die gedachten Gesetze selbst in Kraft getreten waren. Des Titels 13 des GVG., der die Rechtshülfe behandelt, wird dagegen nicht gedacht. Es war dies auch nicht wohl möglich, weil zur Zeit des Inkrafttretens des SeeUnfUntersG. die in den §§ 158 fg. GVG. erwähnten Behörden noch gar nicht bestanden. Die §§ 157 fg. GVG. finden aber auch jetzt keine Anwendung, die Unterstützungspflicht der Gerichte ist vielmehr abschließend in den §§ 19, 20, 30 SeeUnfUntersG. geregelt.

2. Eine Unterstützungspflicht liegt den ordentlichen Gerichten nur gegenüber den Seeämtern und dem Oberseeamt ob, nicht auch gegenüber den Reichskommissaren.

3. Den „Anträgen" der genannten Behörden sind die ordentlichen Gerichte „innerhalb ihrer Zuständigkeit zu entsprechen verpflichtet".

a) Auch das „Ersuchen" des § 19 Abs. 2 ist ein „Antrag" im Sinne des § 20. Die Bedeutung des § 19 Abs. 2 liegt nur darin, daß das Ersuchen n u r an die Gerichte, nicht auch an die anderen in § 14 SeeUnfUntersG. bezeichneten Behörden gerichtet werden darf.

b) Den Anträgen haben die Gerichte nur „innerhalb ihrer Zuständigkeit" zu entsprechen, und ebenso spricht § 19 Abs. 2 nur von dem zuständigen Gericht. Die Gerichte haben also ihre örtliche und sachliche Zuständigkeit nachzuprüfen. Die sachliche Zuständigkeit wird nicht danach zu beurteilen sein, ob die nachgesuchte Handlung überhaupt von der ersuchten Stelle vorgenommen werden kann, sondern ob diese sonst in die Lage kommen kann, eine solche Handlung auf Ersuchen einer anderen Behörde vorzunehmen. Deshalb wird unter dem zuständigen Gerichte des § 19 Abs. 2 nach dem jetzigen Rechte nur ein AG. verstanden werden können (vgl. § 186 Abs. 4 MStGO., § 87 RAO.). Ebenso sind bei Ersuchen, die bei Anwendbarkeit des GVG. Ersuchen um „Rechtshülfe" wären, nur die Amtsgerichte unterstützungspflichtig, während sonst sehr wohl auch andere Gerichte den „Anträgen" zu entsprechen verpflichtet sein können.

Wegen Militärpersonen s. die in § 19 SeeUnfUntersG. für anwendbar erklärten §§ 50 Abs. 4, 69 Abs. 4 StPO.

c) Wegen Ersuchen um Vornahme verbotener Handlungen s. Anm. 3 d zum PatG.

4. Wegen der Kosten der Erledigung der Ersuchen und der Beschwerden aus Anlaß der Ersuchen vgl. die auch hier zutreffenden Anm. 6 und 7 zum PatG.

5. Hinzuweisen ist noch auf § 22 SeeUnfUntersG., nach dem der Schiffer und der Steuermann des Schiffes, dessen Unfall den Gegenstand der Untersuchung bildet, als Zeugen nur auf Beschluß des Seeamts (Oberseeamts) zu beeidigen sind. Ersuchen um Vernehmung der gedachten Personen als Zeugen sind also nur dann Ersuchen um eidliche Vernehmung, wenn dies besonders gesagt ist.

XX. Börsengesetz.

Vom 22. Juni 1896 (RGBl. 157).

§ 26. Die Gerichte sind verpflichtet, dem Ersuchen des Ehrengerichts sowie der Berufungskammer um Vernehmung von Zeugen und Sachverständigen zu entsprechen.

1. Rechtshülfeberechtigt sind nur das Börsenehrengericht und die Berufungskammer, dagegen weder das mit Führung der (fakultativen) Voruntersuchung betraute Mitglied des Ehrengerichts (§ 12), noch der Staatskommissar (§ 2).

2. Verlangt werden kann nur die Vernehmung von Zeugen und Sachverständigen u. z. auch eidliche Vernehmung, zu der Ehrengericht und Berufungskammer ja auch selbst befugt sind (§§ 14 Abs. 3, 23 Abs. 3).

3. Die Ersuchen sind an die Amtsgerichte zu richten (vgl. Anm. 3 b zum PatG., auch wegen Prüfung der Zuständigkeitsfrage durch den ersuchten Richter). Wegen Militärpersonen s. Anm. 3 b zum PatG. Wegen Ersuchen um Vornahme verbotener Handlungen s. Anm. 3 d zum PatG.

4. Wegen Beschwerden aus Anlaß der Erledigung des Ersuchens und der Erstattung der entstandenen Kosten s. Anm. 6 und 7 zum PatG.

XXI. Gewerbe-Unfallversicherungsgesetz.

Vom $\frac{\text{6. Juli 1884}}{\text{30. Juni 1900}}$.

In der Fassung vom 5. Juli 1900 (RGBl. 585).

Rechtshülfe.

§ 144. Die öffentlichen Behörden sind verpflichtet, den im Vollzuge dieses Gesetzes an sie ergehenden Ersuchen des Reichs-Versicherungsamts, der Landes-Versicherungsämter, der Schiedsgerichte, anderer öffentlicher Behörden sowie der Genossenschafts- und Sektionsvorstände zu entsprechen . . . . Die Verpflichtung der Behörden erstreckt sich insbesondere auch auf die Vollstreckung rechtskräftiger Bescheide und Erkenntnisse.

Die durch die Erfüllung dieser Verpflichtungen entstehenden Kosten sind von den Genossenschaften als eigene Verwaltungskosten (§ 29) insoweit zu erstatten, als sie in Tagegeldern und Reisekosten so-

wie in Gebühren für Zeugen und Sachverständige oder in sonstigen baaren Auslagen bestehen.

1. Zur Ergänzung des § 144 dienen

a) die Verordnung, betreffend den Geschäftsgang und das Verfahren des Reichs-Versicherungsamts, vom 19. Oktober 1900 (RGBl. 983). Ihr § 39 Abs. 1 bestimmt:

„Hinsichtlich der Verpflichtung, sich als Zeuge oder Sachverständiger vernehmen zu lassen und die Aussagen eidlich zu erhärten, finden die Bestimmungen der Zivilprozeßordnung entsprechende Anwendung. Insbesondere ist der Senat befugt, gegen Zeugen und Sachverständige, welche sich nicht oder nicht rechtzeitig zu den Sitzungen einfinden, oder ihre Aussage oder die Eidesleistung ohne Angabe eines Grundes oder noch dann verweigern, nachdem der angeführte Grund für unerheblich erklärt ist, eine Geldstrafe bis zu 300 Mark festzusetzen. Kommt die Verhängung oder Vollstreckung von Zwangsmaßregeln in Frage, so ist um diese das Amtsgericht zu ersuchen, in dessen Bezirke die Zeugen oder Sachverständigen ihren Wohnsitz oder in Ermangelung eines solchen ihren Aufenthalt haben. Auf Militärpersonen, die dem aktiven Heere oder der aktiven Marine angehören, finden die Vorschriften des § 380 Abs. 4, § 390 Abs. 4, § 409 Abs. 3 der Zivilprozeßordnung Anwendung."

b) Die Verordnung, betreffend das Verfahren vor den Schiedsgerichten für Arbeiterversicherung, vom 22. November 1900 (RGBl. 1017). Aus ihr kommen folgende Bestimmungen in Betracht:

§ 17 Abs. 3. „Die Beweiserhebung erfolgt in der Regel in der mündlichen Verhandlung. Das Schiedsgericht ist jedoch befugt, den Beweis durch ein Mitglied oder gemäß § 172 des Invalidenversicherungsgesetzes, § 144 des Gewerbe-Unfallversicherungsgesetzes, § 154 des Unfallversicherungsgesetzes für Land- und Forstwirtschaft, § 45 Abs. 2 des Bau-Unfallversicherungsgesetzes, § 141 des See-Unfallversicherungsgesetzes durch eine öffentliche Behörde erheben zu lassen. Geeignetenfalls steht die Befugnis der Beweiserhebung auch dem Vorsitzenden schon vor Anberaumung des Termins zur mündlichen Verhandlung zu.

§ 18 Abs. 1. Hinsichtlich der Verpflichtung, sich als Zeuge oder Sachverständiger vernehmen zu lassen und die Aussagen eidlich zu erhärten, finden die Bestimmungen der Zivilprozeßordnung entsprechende Anwendung. Insbesondere ist das Schiedsgericht befugt, gegen Zeugen und Sachverständige, welche sich nicht oder nicht rechtzeitig zu den Sitzungen einfinden, oder ihre Aussage oder die Eidesleistung ohne Angabe eines Grundes oder, nachdem der vorgeschützte Grund rechtskräftig für unerheblich erklärt ist, verweigern, eine Geldstrafe bis zu 300 Mark festzusetzen. Kommt die Verhängung oder Vollstreckung von Zwangsmaßregeln in Frage, so ist um diese das Amtsgericht zu ersuchen, in dessen Bezirke die Zeugen oder Sachverständigen ihren Wohnsitz oder in Ermangelung eines solchen ihren Aufenthalt haben. Auf Militärpersonen, welche dem aktiven Heere oder der aktiven Marine angehören, finden die Vorschriften des § 380 Abs. 4, § 390 Abs. 4, § 409 Abs. 3 der Zivilprozeßordnung Anwendung."

2. Zu Ersuchen berechtigt sind das Reichsversicherungsamt, die Landesversicherungsämter, die Schiedsgerichte für Arbeiterversicherung, andere öffentliche Behörden, die Genossenschafts- und Sektionsvorstände.

3. Verpflichtet, dem Ersuchen zu entsprechen, sind „die öffentlichen Behörden", also auch die ordentlichen Gerichte. LG. Karlsruhe BadRpr. **03** 211 (13. 3. 03), vgl. auch OLG. Cöln Rhein.-Arch. **90** Abt. I. 186 (8. 4. 96), betreffend die Rechtshülfe gegenüber den auf Grund des InvVG. (89) errichteten Schiedsgerichten.

Nach dem Wortlaute des Gesetzes sollte man meinen, alle öffentlichen Behörden seien verpflichtet, allen auf Grund des § 144 an sie gerichteten Ersuchen zu entsprechen, m. a. W. es könnten die ersuchenden Stellen durch ihr Ersuchen die angegangenen Behörden für jede nachgesuchte Tätigkeit zuständig machen. Es liegt auf der Hand, daß das nicht der Sinn des Gesetzes sein kann. Die öffentlichen Behörden sind vielmehr nur innerhalb ihrer eigenen Zuständigkeit dem Ersuchen zu entsprechen verpflichtet. Die Gerichte haben also ihre örtliche und sachliche Zuständigkeit nachzuprüfen. Die sachliche Zuständigkeit ist ebenso, wie in Anm. 3 b zu SeeUnfUntersG. geschehen, zu bemessen. Ersuchen um Handlungen, die bei Anwendbarkeit des GVG. Ersuchen um „Rechtshülfe" wären, sind also ausschließlich an die Amtsgerichte, nicht auch an andere Gerichte, zu richten.

4. Nur den „im Vollzuge dieses Gesetzes ergehenden" Ersuchen ist zu entsprechen, d. h. muß entsprochen werden.

Ein Ersuchen ergeht im Vollzuge des GewUVG., wenn

a) die ersuchende Stelle zur Erledigung einer ihr durch das GewUVG. zugewiesenen Aufgabe das Ersuchen erläßt. LG. Karlsruhe BadRpr. **03** 211 (13. 3. 03). Die ersuchte Stelle hat nur zu prüfen, ob der Erledigung solcher Aufgaben das Ersuchen dienen soll, nicht auch ob zu dieser Erledigung ein Ersuchen nötig ist, falls ein Ersuchen überhaupt erfolgen darf.

b) Dagegen ist es nicht nötig, daß die ersuchende Stelle selbst in der Lage wäre, die nachgesuchte Handlung vorzunehmen. Jeden Zweifel in dieser Beziehung beseitigt der Schlußsatz des Abs. 1 in § 144: denn zu der besagten Vollstreckung sind eine ganze Reihe der ersuchungsberechtigten Stellen unzweifelhaft nicht befugt. Dem Schlußsatze des Abs. 1 des § 144 unterfallen auch die zur Beitreibung der Genossenschaftsbeiträge gestellten Anträge auf Leistung des Offenbarungseides durch den Beitragspflichtigen KG. ArbVersorg. **98** 293 (14. 7. 96), RG. ArbVersorg. **98** 293/4 (28. 9. 96), AG. Kiel ArbVersorg. **01** 323 (1. 9. 00) oder auf Feststellung im Konkursverfahren über das Vermögen des Beitragspflichtigen. AG. Kiel ArbVersorg. **01** 322,3 (1. 9. 00).

c) Die nachgesuchte Handlung darf nicht eine solche sein, die gesetzlicher Anordnung zufolge die ersuchende Stelle selbst vornehmen muß: denn mit solcher Anordnung schränkt das Gesetz insoweit die Unterstützungspflicht nach § 144 GewUVG. wiederum ein.

d) Wegen Ersuchen um Vornahme verbotener Handlungen s. Anm. 3 d zum PatG.

5. Den Ersuchen der Genossenschafts- und Sektionsvorstände um eidliche Vernehmung von Zeugen braucht nicht stattgegeben

zu werden, denn die besondere Normierung der Pflicht zur eidlichen Aussage vor dem Reichsversicherungsamte und den Schiedsgerichten (s. Anm. 1) zeigt, daß das Gesetz nicht bereits im Verfahren vor den Genossenschafts- und Sektionsvorständen eidliche Vernehmungen zuläßt. OLG. Colmar OLGRspr. **6** 494/5 (14. 4. 03), vgl. auch Anm. zum InvVG. A. M. RVA. ArbVersorg. **91** 556 (3. 9. 91); LG. Kiel ArbVersorg. **92** 438 (11. 4. 92); LG. Mainz HessRspr. **2** 62/3 (10. 4. 01); OLG. Breslau Arb.-Versorg. **02** 257 (28. 11. 01); LG. Karlsruhe BadRpr. **03** 211 (13. 3. 03).

6. Die Bestimmungen der §§ 157 fg. GVG. finden auf die an die Gerichte gehenden Ersuchen in keiner Beziehung, auch nicht hinsichtlich des Instanzenzuges, Anwendung. LG. Metz BuschsZ. **21** 88/9 (27. 2. 94); OLG. Colmar ElsLothrZ. **24** 223 (3. 10. 98); OLG. Hamburg OLGRspr. **8** 181 (23. 12. 03); [HansGZ. **04** 28 erscheint derselbe Beschluß mit dem Datum 23. 11. 03]; OLG. Karlsruhe BadRpr. **03** 158 (13. 3. 03); OLG. Hamburg OLGRspr. **10** 153 (6. 1. 05). Vgl. ferner Anm. zum InvVG. Dagegen wendet OLG. Frankfurt a. M. Recht **02** 535 Nr. 2515 (24. 3. 02) ohne weiteres GVG. an. LG. Metz a. a. O. verweist mit Recht die Beschwerden nach Reichsrecht lediglich auf den Aufsichtsweg. Nur insoweit bedarf dies einer Einschränkung, als eine Beschwerde aus § 20 RFGG. in Frage kommt. Vgl. über einen solchen Fall KG. RJA. **4** 100 fg. (7. 12. 03): Der Magistrat Abteilung für Unfallversicherung ersucht das AG. um Auskunft, ob gewisse Firmen im Handelsregister eingetragen sind. Auch kann das Landesrecht gegenüber den Behörden des eigenen Staates durch besondere Bestimmung prozessuale Beschwerderechte geben, wie dies z. B. durch § 87 Abs. 2 PAGGVG. in der Fassung des Art. 130 PFGG. geschehen ist, vgl. OLG. Kiel SchlHolstAnz. **65** 321 (24. 8. 01), OLG. Breslau ArbVersorg. **02** 257 (28. 11. 01). Reichsbehörden können natürlich nicht mit Erledigung der Beschwerden betraut werden.

7. Nur die im § 144 Abs. 2 erwähnten Kosten sind zu erstatten, nicht auch Gebühren für Erledigung der Ersuchen. KG. ArbVersorg. **98** 293 (14. 7. 96); RG. ArbVersorg. **98** 293/4 (28. 9. 96); AG. Kiel ArbVersorg. **01** 322/3 (1. 9. 00).

XXII. Unfallversicherungsgesetz für Land- und Forstwirthschaft.

Vom $\frac{\text{5. Mai 1886}}{\text{30. Juni 1900}}$.

In der Fassung vom 5. Juli 1900 (RGBl. 641).

§ 154 stimmt genau mit § 144 GewUVG. überein, nur heißt es in Abs. 2 statt (§ 29) hier (§ 34).

XXIII. Bau-Unfallversicherungsgesetz.

Vom $\frac{\text{11. Juli 1887}}{\text{30 Juni 1900}}$.

In der Fassung vom 5. Juli 1900 (RGBl. 698).

§ 45 Abs. 2. **Im Uebrigen finden die Vorschriften der §§ 135, 139 bis 155 des Gewerbe-Unfallversicherungsgesetzes entsprechende Anwendung** . . . .

§ 45 Abs. 1 enthält lediglich Einschränkungen des § 135 GewUVG.

XXIV. See-Unfallversicherungsgesetz.

Vom $\frac{\text{13. Juli 1887}}{\text{30 Juni 1900}}$.

In der Fassung vom 5. Juli 1900 (RGBl. 716).

Rechtshülfe.

§ 141. Die öffentlichen Behörden sind verpflichtet, den im Vollzuge dieses Gesetzes an sie ergehenden Ersuchen des Reichs-Versicherungsamts,

der Schiedsgerichte, anderer öffentlicher Behörden sowie des Genossenschaftsvorstandes und der Sektionsvorstände zu entsprechen . . . .
Die Verpflichtung der Behörden erstreckt sich insbesondere auch auf die Vollstreckung rechtskräftiger Bescheide und Erkenntnisse.

Die durch die Erfüllung dieser Verpflichtungen entstehenden Kosten sind von der Genossenschaft als eigene Verwaltungskosten (§ 34) insoweit zu erstatten, als sie in Tagegeldern und Reisekosten, sowie in Gebühren für Zeugen und Sachverständige oder in sonstigen baaren Auslagen bestehen.

XXV. Invalidenversicherungsgesetz.

Vom 13. Juli 1899.

In der Fassung vom 19. Juli 1899 (RGBl. 463).

Rechtshülfe.

§ 172. Die öffentlichen Behörden sind verpflichtet, den im Vollzuge dieses Gesetzes an sie ergehenden Ersuchen des Reichs-Versicherungsamts, der Landes-Versicherungsämter, der Schiedsgerichte, der Organe der Versicherungsanstalten und anderer öffentlicher Behörden zu entsprechen . . . .

Die durch die Erfüllung dieser Verpflichtungen entstehenden Kosten sind von den Versicherungsanstalten als eigene Verwaltungskosten insoweit zu erstatten, als sie in Tagegeldern und Reisekosten sowie in Gebühren für Zeugen und Sachverständige oder in sonstigen baaren Auslagen bestehen.

Es ist auf die Anm. zum GewUVG. zu verweisen.

Darüber, daß auf Ersuchen der Versicherungsanstalten §§ 157 fg. GVG. nicht anwendbar sind, vgl. RG. JW. **96** 145/6 (II. ZS. 7. 2. 96); darüber, daß den Ersuchen der Versicherungsanstalten um eidliche Vernehmung von Zeugen die Amtsgerichte zu entsprechen nicht verpflichtet sind, vgl. OLGPr. Colmar RheinARV. **11** 33/4 (21. 5. 92) und ElsLothrZ. **21** 489/90 (12. 8. 96) [beides Entscheidungen auf Aufsichtsbeschwerde]. A. M. LG. Kiel ArbVersorg. **92** 437/8 (11. 4. 92).

XXVI. Gesetz über die privaten Versicherungsunternehmungen.

Vom 12. Mai 1901 (RGBl. 139).

§ 79. Die Gerichte und sonstigen öffentlichen Behörden sind verpflichtet, den im Vollzuge dieses Gesetzes an sie ergehenden Ersuchen des Amtes zu entsprechen. Die Ersuchen um eidliche Vernehmungen sind an die zur eidlichen Abhörung von Zeugen und Sachverständigen zuständigen Landesbehörden zu richten. Als Kosten der Rechtshülfe sind der ersuchten Behörde die im § 79 des Gerichtskostengesetzes bezeichneten baaren Auslagen zu erstatten.

1. § 79 regelt die Rechtshülfepflicht gegenüber dem Kaiserlichen Aufsichtsamt für Privatversicherung. Er findet seine Ergänzung in der auf Grund des § 80 ergangenen Verordnung, betreffend das Verfahren und den Geschäftsgang des Kaiserlichen Aufsichtsamts für Privatversicherung, vom 23. Dezember 1901 (RGBl. 498). § 26 dieser VO. normiert in Abs. 1 die Pflicht, als Zeuge und Sachverständiger sich vor dem Amt vernehmen zu

lassen und die Aussagen eidlich zu erhärten, der ZPO. entsprechend. Die Ordnungsgeldstrafen setzt das Amt fest. Dann heißt es weiter in Abs. 1: „Kommt die Verhängung oder Vollstreckung von Zwangsmaßregeln in Frage, so ist das Amtsgericht zu ersuchen, in dessen Bezirke die Zeugen oder Sachverständigen ihren Wohnsitz oder in Ermangelung eines solchen ihren Aufenthalt haben. Auf Militärpersonen, die dem aktiven Heere oder der aktiven Marine angehören, finden die Vorschriften des § 380 Abs. 4, § 390 Abs. 4, § 409 Abs. 3 der Zivilprozeßordnung Anwendung."

2. Nur dem Aufsichtsamte gegenüber besteht eine Pflicht zur Rechtshülfe, nicht auch

a) gegenüber den zu den Versammlungen und Sitzungen der Versicherungsgesellschaften vom Amte entsandten Vertretern (§ 65 Abs. 3),

b) gegenüber den Reichskommissaren (§ 71).

Dagegen tritt

c) der Vorsitzende des Amtes bei einer Entscheidung gemäß § 73 Abs. 6 völlig an Stelle des als Spruchkollegium fungierenden Amtes.

Die Rechtshülfepflicht besteht dem Amte gegenüber, mag dieses in erster Instanz oder in der Rekursinstanz tätig werden.

3. „Die Gerichte" sind verpflichtet, den Ersuchen zu entsprechen. Wegen der Zuständigkeitsfrage vgl. die auch hier zutreffende Anm. 3 zum GewUVG.

4. Nur den im Vollzuge des PrivVUntG. ergehenden Ersuchen muß entsprochen werden. Dieser Rahmen wird nur innegehalten, wenn

a) das Ersuchen zur Erledigung einer dem Aufsichtsamte durch das PrivVUntG. zugewiesenen Aufgabe ergeht. Die ersuchte Behörde hat nur zu prüfen, ob die begehrte Handlung solchem Zwecke dienen soll, nicht auch ob zu solchem Zwecke ein Ersuchen nötig, falls es nur zulässig ist.

b) Daß die nachgesuchte Handlung eine solche sein muß, die das Aufsichtsamt auch direkt veranlassen könnte, wird sich hier ebensowenig annehmen lassen, wie bei § 32 PatG. Ein Gegensatz des Ersuchens nach § 79 PrivVUntG. zu dem Ersuchen nach

§ 26 Abs. 1 der VO. vom 23. Dezember 1901 ist ebensowenig gegeben, wie ein Gegensatz der Ersuchen aus Satz 1 und 2 des § 32 PatG. untereinander (vgl. Anm. 3a zum PatG.).

c) Dagegen darf das Ersuchen nicht eine Tätigkeit betreffen, bezüglich deren das PrivVUntG. das Aufsichtsamt auf die Hülfe anderer Behörden verweist oder die es direkt vorgenommen sehen will.

α) Nach § 33 der mehrerwähnten VO. erfolgen Zustellungen mittels eingeschriebenen Briefes, öffentliche Zustellungen durch Einrückung im Reichsanzeiger. Insoweit zessiert die Rechtshülfepflicht überhaupt.

β) Die vom Aufsichtsamte auf Grund der §§ 25, 26 der VO. festgesetzten Strafen und die auf Grund des § 82 des Gesetzes dem Antragsteller auferlegten baren Auslagen werden nach §§ 27, 34 Abs. 2 der VO. wie Gemeindeabgaben beigetrieben. Hier entfällt also die Rechtshülfepflicht der Gerichte, soweit nicht das BeistG. eingreift.

d) Wegen Ersuchen um Vornahme verbotener Handlungen s. Anm. 3d zum PatG.

5. Eine Verweisung des Amtes auf andere öffentliche Behörden, die die begehrte Handlung auch zu leisten in der Lage sind, steht den Gerichten nicht zu. Insbesondere können die Amtsgerichte an sie gerichtete Ersuchen um eidliche Vernehmung von Zeugen oder Sachverständigen nicht deshalb ablehnen, weil noch andere „zur eidlichen Abhörung von Zeugen und Sachverständigen zuständige Landesbehörden" zur Verfügung ständen.

6. Wegen der auf das Ersuchen bezüglichen Beschwerden vgl. Anm. 7 zu § 32 PatG.

7. Die Kostennorm des § 79 letzter Satz bedarf keiner Erläuterung. Sie ist offenbar auch im Falle des § 26 der VO. zur Anwendung zu bringen.

Nachtrag.

XXVII. Verordnung über die Ehrengerichte der Offiziere im preußischen Heere.

Vom 2. Mai 1874.

§ 35. Der Kommandeur veranlaßt die Vorladung des Angeschuldigten und der Zeugen. Sind sie am Orte anwesend, so geschieht ihre Vernehmung durch denjenigen Ehrenrath, der die Untersuchung führt, anderenfalls durch einen dazu requirirten, ihrem Aufenthaltsorte nahen Ehrenrath oder durch ein Militär- oder Civil-Gericht.

Ehrenräthe, durch welche Vernehmungen zu bewirken sind, werden durch eine Requisition des Kommandeurs an ihren Vorgesetzten, Militär-Gerichte durch eine Requisition an den Gerichtsherrn dazu veranlaßt. Civil-Gerichte werden zu demselben Zweck durch ein Militär-Gericht requirirt.

§ 36 Abs. 2 Satz 2 und 3. Zeugen, welche deutsche Offiziere oder Sanitätsoffiziere sind, werden nicht vereidigt, sondern versichern die Richtigkeit ihrer Aussage auf Ehre und Pflicht. Ist die Vereidigung anderer Zeugen nothwendig, so geschieht dieselbe stets durch ein dazu zu requirirendes Militär- oder Civil-Gericht.

1. Mit den wiedergegebenen §§ stimmen wörtlich überein

a) §§ 35, 36 Abs. 2 Satz 2 und 3 der Verordnung über die Ehrengerichte der Offiziere in der Kaiserlichen Marine vom 26. Juli 1895 (MVBl. 185),

b) §§ 30, 31 Abs. 2 Satz 2 und 3 der Verordnung über die Ehrengerichte der Sanitätsoffiziere im preußischen Heere vom 9. April 1901 (AVBl. 161),

c) §§ 34, 35 Abs. 2 Satz 2 und 3 der Verordnung über die Ehrengerichte der Sanitätsoffiziere in der Kaiserlichen Marine vom 3. Juli 1901 (MVBl. 211).

2. Die Verordnung über die Ehrengerichte der Offiziere der Kaiserlichen Schutztruppen vom 15. Juni 1897 führt die VO. vom 2. Mai 1874, die Verordnung über die Ehrengerichte der Sanitätsoffiziere der Kaiserlichen Schutztruppen vom 7. November 1901 führt die zu 1 b gedachte Verordnung für die bezeichneten Personenklassen u. z. in beiden Fällen mit hier nicht interessierenden Abweichungen ein.

Nur als in beschränktem Umfange eingeführte und insoweit kraft Reichsrechts gültige Normen kommen die §§ 35, 36 der VO. vom 2. Mai 1874 bezw. §§ 30, 31 der VO. vom 9. April 1901 für uns in Betracht.

3. Die Ersuchen an die bürgerlichen Gerichte betreffen

a) Vernehmung des Angeschuldigten,

b) Vernehmung von Zeugen u. z.

α) eidliche Vernehmung von Zeugen, die nicht deutsche Offiziere oder Sanitätsoffiziere sind, oder Vernehmung von Zeugen, die zu den letztgenannten zwei Personenklassen gehören, unter Versicherung der Richtigkeit der Aussage auf Ehre und Pflicht,

β) Vernehmungen ohne die zu α gedachten feierlichen Bestärkungsmittel.

Der vorangestellte § betrifft sowohl die Fälle zu α als auch die zu β, der nachfolgende § regelt noch einiges Besondere für den Fall α. Also erfolgt

4. in allen Fällen das Ersuchen an die bürgerlichen Gerichte durch ein Militärgericht. Auf die Ersuchen findet § 12 EGMStGO. keine Anwendung, denn eine zur Zuständigkeit der Militärgerichte gehörige „Strafsache" steht nicht in Frage. OLG. Jena ThürBl. **50** 299 (19. 5. 03). Daß GVG. nicht anwendbar ist, liegt auf der Hand, da seine Bestimmungen nur das Verhältnis der ordentlichen Gerichte untereinander betreffen. Daß auch das RHG.

nicht eingreift, darüber vgl. die Einleitung, ferner OLG. Jena a. a. O.

5. Die Ersuchen sind an die Amtsgerichte zu richten (vgl. Anm. 3 b zu SeeUnfUntersG.). Wegen Prüfung der Zuständigkeitsfrage durch den ersuchten Richter vgl. Anm. 3 b zum PatG., wegen Ersuchen um Vornahme verbotener Handlungen vgl. Anm. 3 d ebenda.

6. Wegen Beschwerden vgl. Anm. 7 zum PatG. und wegen des Eingreifens des Landesrechts im dort gedachten Sinne OLG. Jena a. a. O.

Anhang.

XXVIII. Gesetz über den Unterstützungswohnsitz.

Vom $\frac{\text{6. Juni 1870}}{\text{12. März 1894}}$ (RGBl. 94 262).

§ 39 erklärt in Streitsachen der Armenverbände die zu Entscheidungen zuständigen Landesbehörden für befugt, „Untersuchungen an Ort und Stelle zu veranlassen, Zeugen und Sachverständige zu laden und eidlich zu vernehmen, überhaupt den angetretenen Beweis in vollem Umfange zu erheben." Daraus folgt aber keineswegs, daß sie auch kraft Reichsrechts für die Beweiserhebung von den Gerichten Rechtshülfe beanspruchen können.

Wenn ferner § 49 bestimmt:

> „Erachtet das Bundesamt [für das Heimatwesen] vor Fällung der Entscheidung noch eine Aufklärung über das Sach- und Rechtsverhältnis für nötig, so ist dieselbe unter Vermittelung der zuständigen Landesbehörde vorzunehmen",

so ist ja hier ohne weiteres klar, daß von einer dem Bundesamte für das Heimatwesen zu leistenden Rechtshülfe keine Rede sein kann.

Auch OLG. Karlsruhe BadRpr. 03 158 (13. 3. 03.) verneint, daß das Gesetz Bestimmungen über Rechtshülfepflicht enthält.

XXIX. Gesetz, betreffend die Rechtsverhältnisse der Reichsbeamten.

Vom 31. März 1873 (RGBl. 61).

XXX. Gesetz, betreffend die Dienstvergehen der richterlichen Militärjustizbeamten und die unfreiwillige Versetzung derselben in eine andere Stelle oder in den Ruhestand.

Vom 1. Dezember 1898 (RGBl. 1297).

1. In den Bestimmungen über das Verfahren vor den Disziplinarkammern und dem Diziplinarhofe für Reichsbeamte wird einer Rechtshülfepflicht der Gerichte nicht gedacht (vgl. auch Anm. 2 zu §§ 157, 158 GVG.). Wenn § 107 RBG. eine kommissarische Vernehmung eines Zeugen „durch einen damit beauftragten Beamten" zuläßt, so folgt daraus für eine Rechtshülfepflicht der Gerichte gar nichts.

Ebenso liegt die Sache nach MilRDiszG., das in § 24 die §§ 101 bis 118 RBG. für entsprechend anwendbar erklärt.

Daß danach der Disziplinarhof für Reichsbeamte, der Disziplinarhof für die Schutzgebiete und der Disziplinarhof für Militärjustizbeamte ungünstiger stehen, als der Ehrengerichtshof für Rechtsanwälte, ist richtig, allein diese Ungleichheit läßt sich nicht mit dem OKA. RGSt. 19,440 fg. durch analoge Anwendung der Bestimmungen des GVG. zu gunsten der 3 erstgenannten Behörden, sondern nur im

Wege der Gesetzgebung beseitigen. Übrigens kommen bei dem Verfahren vor den Disziplinarkammern und dem Disziplinarhof für richterliche Militärjustizbeamte nach § 25 MilRDiszG. die Vorschriften der §§ 186 Abs. 4, 203 Abs. 3, 208 Abs. 1 MStGO. zur Anwendung, insoweit können also Ersuchen an die Gerichte ergehen.

2. Nach § 143 RBG. ersucht die Verwaltungsbehörde die zuständigen Gerichte, Vollstreckungsbeamten oder Hypothekenbehörden um Vollziehung des Defektenschlusses. Die ersuchten Behörden sind, „ohne auf eine Beurteilung der Rechtmäßigkeit des Beschlusses einzugehen, verpflichtet, . . . schleunig, ohne vorgängiges Zahlungsmandat, die Zwangsvollstreckung auszuführen, die Beschlagnahme der zur Deckung des Defekts erforderlichen Vermögensstücke zu verfügen und die in Antrag gebrachten Eintragungen im Hypothekenbuche zu veranlassen."

Rechtshülfehandlungen stehen hier wohl nicht in Frage. Die angegangenen Behörden haben — und das ist der wesentliche Inhalt des § 143 — den im Rahmen des § 143 gestellten Anträgen ohne Nachprüfung des Defektenbeschlusses, der ja nach § 140 RBG. bereits zu bestimmen hat, „welche Vollstreckungs- oder Sicherheitsmaßregeln behufs des Ersatzes des Defekts zu ergreifen sind", zu entsprechen. Der Fall liegt also ähnlich, wie etwa bei Anträgen, die die Auseinandersetzungsbehörden an die Grundbuchämter stellen.

XXXI. Gesetz, betreffend die Patentanwälte.

Vom 21. Mai 1900 (RGBl. 233).

§§ 7, 8 ordnen ein ehrengerichtliches Verfahren an, wenn nachträglich Tatsachen bekannt werden, welche ein unwürdiges Verhalten des in der Liste eingetragenen Patentanwalts ergeben oder wenn ein eingetragener Patentanwalt seiner Pflicht, seine Berufstätigkeit gewissenhaft auszuüben und durch sein Verhalten in Ausübung des Berufs sowie außerhalb desselben sich der Achtung würdig zu zeigen, die sein Beruf erfordert, zuwiderhandelt. § 9 erwähnt die Zulässigkeit, in dem Verfahren Zeugen und Sachverständige zu vernehmen und erklärt die Vorschriften der StPO. über die Beweisaufnahme für anwendbar. Damit ist aber nicht auch eine Rechtshülfepflicht der Gerichte bezüglich der Beweisaufnahme als statuiert anzusehen.

XXXII. Zoll- und Steuergesetze.

Die Bestimmung des § 19 Abs. 2 WStempG. und die gleichartigen Bestimmungen der sonstigen Reichssteuergesetze und der Reichszollgesetze haben, als durch das BeistG. ersetzt, ihre Bedeutung verloren.

Sachregister.

Die arabischen Zahlen verweisen auf die Seiten. Die eingeklammerten römischen Zahlen bezeichnen die Nr. der Sammlung und gelten für die ihnen nachfolgenden arabischen Zahlen.

A.

D.

E.

L.

M.

P.

R.

S.

Lippert & Co. (G. Pätz'sche Buchdr.), Naumburg a. S.

Verzeichnis

der

Guttentag'schen Sammlung Deutscher Reichs- und Preussischer Gesetze

Text-Ausgaben

mit Anmerkungen u. Sachregister

Guttentag'sche Sammlung

Deutscher Reichsgesetze.

Text-Ausgaben mit Anmerkungen. Taschenformat.

1. **Verfassung** des Deutschen Reichs. Gegeben Berlin, den 16. April 1871. Von Dr. **L. von Rönne.** Neunte Auflage von Landrath **Paul von Rönne.** 2 M. 40 Pf.

2. **Strafgesetzbuch** für das Deutsche Reich. Nebst den gebräuchlichsten Reichs-Strafgesetzen: Presse, Entziehung elektrischer Arbeit, Kranken-, Unfall-, Invalidenversicherung, Gewerbeordnung, unlauterer Wettbewerb, Depot- und Börsengesetz, gewerbliche Kinderarbeit u. s. w. Von Dr. **H. Rüdorff.** Einundzwanzigste Auflage von Dr. **H. Appelius,** Kammergerichtsrath. 1 M. 20 Pf.

3. **Militärstrafgerichtsordnung** nebst Einführungsgesetz und Gesetz, betreffend die Dienstvergehen der richterlichen Militärjustizbeamten und die unfreiwillige Versetzung derselben in eine andere Stelle oder in den Ruhestand. Bearbeitet von Dr. **Paul Herz,** Senatspräsident am Reichsmilitärgericht. Dritte Auflage. 4 M.

   Militär-**Strafgesetzbuch** s. RG. Nr. 67.

4 **Handelsgesetzbuch vom 10. Mai 1897** unter Ausschluß des Seerechts. Mit den ergänzenden Vorschriften des Bürgerlichen Gesetzbuchs und Erläuterungen herausgegeben von **F. Litthauer,** Justizrath. Dreizehnte Auflage herausgegeben von Geh. Justizrat Prof. Dr. **A. Mosse,** Oberlandesgerichtsrath. 3 M.

5. Allgemeine Deutsche **Wechselordnung.** Neunte Auflage von Justizrath Dr. **J. Stranz** und Rechtsanwalt Dr. **M. Stranz,** und das Reichsgesetz über die **Wechselstempelsteuer.** Von Regierungsrath **P. Loeck.** Achte Auflage. 3 M.

6. **Gewerbeordnung** für das Deutsche Reich nebst allen Ausführungsbestimmungen. Ursprünglich herausgegeben von **T. Ph. Berger** und Dr. **L. Wilhelmi.** Sechszehnte Auflage bearbeitet von Oberverwaltungsgerichtsrath **H. Spangenberg.** 3 M.

7. Die deutsche **Post- und Telegraphen-Gesetzgebung.** Nebst dem Weltpostvertrag und dem internationalen Telegraphenvertrag. Von Wirkl. Geh. Rath Dr. **Fischer.** Fünfte Auflage bearbeitet von Geh. Postrath Dr. **M. König.** 3 M.

8. Die Reichsgesetze über den **Unterstützungswohnsitz** in der Fassung der Novelle vom 12. März 1894, **die Freizügigkeit, den Erwerb und Verlust der Bundes- und Staatsangehörigkeit,** nebst allen landesgesetzlichen Bestimmungen. Von Geheimrath Dr. **J. Krech,** Mitglied des Bundesamtes für das Heimathwesen. Fünfte Auflage. 2 M. 70 Pf.

9a. Sammlung **kleinerer privatrechtlicher Reichsgesetze.** Von **F. Vierhaus.** Zweite Auflage in Vorbereitung.

9. Sammlung **kleinerer strafrechtlicher Reichsgesetze.** Mit den Entscheidungen des Reichsgerichts bearbeitet von **M. Werner,** Geh. Ober-Regierungsrath. Zweite Auflage. 3 M.

Inhalt: Inhaberpapiere — Presse — Personenstand — Urheberrechtsgesetzgebung — Rinderpest — Nahrungs- und Genußmittel — Sprengstoff — Feingehalt von Gold- und Silberwaaren — Patentgesetz — Handfeuerwaffen — Gebrauchsmusterschutz — Militärische Geheimnisse — Waarenbezeichnung — unlauterer Wettbewerb — Auswanderung — Margarine — Wein — Sklavenraub — Fleischbeschau — Reichsseuchengesetz — Süßstoff — Reichskassenscheine.

10. Das **Reichsbeamtengesetz** vom 31. März 1873 und seine Ergänzungen. Erläutert von **J. Pieper,** Geh. Ober-Regierungsrath. Zweite Auflage. 4 M. 50 Pf.

11. **Zivilprozeßordnung mit Gerichtsverfassungsgesetz** in den neuesten Fassungen. Unter besonderer Berücksichtigung der Entscheidungen des Reichsgerichts herausgegeben mit Anmerkungen zunächst von **R. Sydow,** Unterstaatssekretär, weiter bearbeitet von **L. Busch,** Kammergerichtsrath. Zehnte Auflage. 8°. 6 M.

Dieser Band ist in größerem Format erschienen!

12. **Strafprozeßordnung und Gerichtsverfassungsgesetz** nebst dem Gesetz, betreffend die Entschädigung der im Wiederaufnahmeverfahren freigesprochenen Personen. Von Dr. **A. Hellweg,** Reichsgerichtsrath. Dreizehnte Auflage. 2 M

13. **Konkursordnung und Anfechtungsgesetz.** Unter besonderer Berücksichtigung der Entscheidungen des

Reichsgerichts herausgegeben mit Anmerkungen von **R. Sydow** u. **L. Busch.** Neunte Auflage. 2 M. 25 Pf.

14. **Gerichtsverfassungsgesetz** mit Einführungsgesetz. Herausgegeben von **R. Sydow** und **L. Busch.** Neunte Auflage. 1 M. 50 Pf.

15. Das **Deutsche Gerichtskostengesetz** nebst den Gebührenordnungen für Gerichtsvollzieher, Zeugen und Sachverständige. Herausgegeben mit Anmerkungen und Kostentabellen von **R. Sydow** u. **L. Busch.** Siebente Auflage. 1 M. 80 Pf.

16. **Rechtsanwaltsordnung.** Von **R. Sydow.** Vierte Auflage von Dr. **E. Mosler.** 1 M. 20 Pf.

17. **Die Deutsche Gebührenordnung für Rechtsanwälte und das Preußische Gebührengesetz** vom 27. September/6. Oktober 1899. Von **R. Sydow** und **L. Busch.** Siebente Auflage. 1 M. 60 Pf.

18. **Reichsstempelgesetz (Börsensteuergesetz)** v. 14. Juni 1900, mit den Ausführungsbestimmungen, einem Auszug aus den Gesetzes-Materialien und den Entscheidungen der Verwaltungsbehörden und des Reichsgerichts. Achte Auflage von **P. Loeck,** Regierungsrath. 3 M. 30 Pf.

19. Die **Seegesetzgebung.** Nebst den Entscheidungen des Reichsoberhandelsgerichts, des Reichsgerichts und der Seeämter. Von Dr. **W. E. Knitschky.** Dritte Auflage bearbeitet von Oberlandesgerichtsrath **Otto Rudorff** in Hamburg. 4 M. 50 Pf.

20. **Krankenversicherungsgesetz.** Von weil. Dr. **E. von Woedtke,** Direktor im Reichsamte des Innern. Elfte Auflage bearbeitet von Dr. **G. Eucken-Addenhausen,** Geh. Reg.-Rath und vortr. Rat im Reichsamte des Innern. 3 M.

21. Die **Konsulargesetzgebung.** Von Professor Dr. **Ph. Zorn.** Zweite Auflage. 3 M.

22a. **Patentgesetz.** Nebst Ausführungsbestimmungen, völkerrechtlichen Verträgen und der Patentanwalts-Ordnung unter eingehender Berücksichtigung der Rechtsprechung des Reichsgerichts und der Praxis des Patentamts. Erläutert von Prof. Dr. **R. Stephan,** Geh. Reg.-Rath, Mitglied des Kaiserlichen Patentamts. Sechste Auflage. 2 M.

22b. Gesetz zum **Schutz der Waarenbezeichnungen.** Nebst Ausführungsbestimmungen. Von Dr. **R. Stephan,** Geh. Reg.-Rath, Mitglied des Kaiserlichen Patentamts. Vierte Auflage. 1 M.

23. **Gewerbe-Unfallversicherungsgesetz.** Von weil. Dr. **E. v. Woedtke.** Achte neubearbeitete Auflage von **Franz Caspar,** Direktor im Reichsamt des Innern. 2 M. 50 Pf.

24. **Aktiengesellschaft und Kommanditgesellschaften auf Aktien.** (Handelsgesetzbuch, II. Buch, Abschnitt 3 und 4.) Mit Anmerkungen von **H. Keyssner,**

Kammergerichtsrath und Dr. **H. Veit Simon,** Rechtsanwalt. Fünfte Auflage. Bearbeitet von Dr. **Hugo Keyssner** und **L. Keyssner.** 2 M. 25 Pf.

25. Reichsgesetz wegen **Erhebung der Brausteuer** vom 31. Mai 1872 mit Ausführungsvorschriften. Von **E. Bertho,** Regierungsrath. 1885. 1 M. 60 Pf.

26. Die Reichsgesetzgebung über **Münz- und Notenbankwesen,** Papiergeld, Prämienpapiere und Reichsschulden. Von Dr. jur. **R. Koch,** Präsident des Reichsbankdirektoriums. Fünfte Auflage. 3 M.

27. Die Gesetzgebung, betr. das **Gesundheitswesen** im Deutschen Reich für Behörden, Aerzte 2c. Von Dr. jur. **C. Goesch** und Dr. med. **J. Karsten.** 1888. 1 M. 60 Pf.

28. **Bau-Unfallversicherungsgesetz.** Vom 30. Juni 1900. Von **R. Chrzescinski,** Kaiserl. Regierungsrath. Dritte Auflage. 2 M.

29. Reichsgesetz, betr. die **Erwerbs- und Wirthschaftsgenossenschaften.** Von **L. Parisius** und Dr. **H. Crüger.** Elfte Auflage bearbeitet von Dr. **H. Crüger.** 1 M. 50 Pf.

30. **Invalidenversicherungsgesetz** vom 13. Juli 1899. Von weil. Dr. **E. v. Woedtke.** Neunte Auflage bearbeitet von Regierungsrat **H. Follmann.** Im Druck.

31. **Gewerbegerichtsgesetz.** Von Stadtrath **L. Mugdan.** Fünfte Auflage bearbeitet von **W. Cuno,** Erstem Bürgermeister zu Hagen i. W. 2 M.

32. Reichsgesetz, betr. die **Gesellschaften mit beschränkter Haftung.** Von **L. Parisius** und Dr. **H. Crüger.** Achte Auflage. 1 M. 40 Pf.

33. Das **Vereins- und Versammlungsrecht** in Deutschland. Von Dr. **E. Ball,** Rechtsanwalt. 2 M. 25 Pf.

34. Reichsgesetz, betreffend die **Abzahlungsgeschäfte.** Vom 16. Mai 1894. Von **J. Hoffmann.** Zweite vermehrte Auflage besorgt von Dr. **E. Wilke,** Landgerichtsrath. 1 M. 20 Pf.

35. Die **Reichs-Eisenbahngesetzgebung.** Von **W. Coermann,** Kaiserl. Amtsrichter. 1895. 2 M. 25 Pf.

36. Gesetze, betr. die **privatrechtlichen Verhältnisse der Binnenschifffahrt und der Flößerei.** Erläutert von **H. Makower.** Dritte Auflage bearbeitet von **E. Löwe,** Landgerichtsrath. 3 M.

37. Gesetz zur **Bekämpfung des unlauteren Wettbewerbes.** Vom 27. Mai 1896. Von Dr. **R. Stephan,** Geh. Regierungsrath. Dritte Auflage. 1 M.

38/39. **Bürgerliches Gesetzbuch nebst Einführungsgesetz.** Nach dem Tode des ursprünglichen Herausgebers Reichsgerichtsraths a. D. Dr. **A. Achilles** in Verbindung mit Professor Dr. **André,** Landrichter

Ritgen, Landrichter **Strecker,** Ober-Regierungsrath Dr. **Unzner** herausgegeben von Geh. Ober-Justizrath **Greiff.** Vierte Auflage. 8°. 6 M. 50 Pf.
Dieser Band ist in größerem Format erschienen!

40. Gesetz, betr. die **Pflichten der Kaufleute bei Aufbewahrung fremder Werthpapiere (Depotgesetz).** Mit Erläuterungen. Von **F. Lusensky,** Geh. Ober-Regierungsrath. Zweite Auflage. 1 M.

41. **Börsengesetz.** Vom 22. Juni 1896. Nebst Ausführungsbestimmungen. Unter Mitwirkung des Direktors im Reichsamt des Innern **A. Wermuth** bearbeitet von Regierungsrath **H. Brendel.** 1 M. 50 Pf.

42. **Grundbuchordnung** nebst den preußischen Ausführungsbestimmungen. Mit Einleitung. Von Professor Dr. **O. Fischer.** Dritte Auflage. 2 M. 25 Pf.

43. Die Gesetzgebung, betr. die **Zwangsvollstreckung in das unbewegliche Vermögen** im Reiche und in Preußen. Mit Einleitung, Kosten- und Gebührentabellen. Von Dr. **J. Krech,** Kaiserl. Geh. Regierungsrath und Professor Dr. **O. Fischer.** Vierte Auflage. 2 M.

44. Das Reichsgesetz über das **Auswanderungswesen** vom 9. Juni 1897 nebst Ausführungsverordnungen und Anlagen. Unter Benutzung amtlicher Quellen. Von Professor Dr. **Felix Stoerk.** 2 M. 25 Pf.

45. Das **Entmündigungsrecht** unter Berücksichtigung der für Preußen geltenden Vorschriften nebst der preußischen Justiz-Ministerial-Verfügung vom 28. November 1899. Text der civil- und prozeßrechtlichen Bestimmungen mit Erläuterungen von Landgerichtsrath Dr. **P. Koll** in Cöln. 1 M. 50 Pf.

46. Die Gesetze des Reiches und Preußens über die **freiwillige Gerichtsbarkeit.** Mit Einleitung von **Herm. Jastrow,** Amtsgerichtsrath. Vierte Auflage. 3 M.

47. Das **deutsche Vormundschaftsrecht und das** preuß. Gesetz über die Fürsorgeerziehung Minderjähriger nebst den dazu gehörigen preußischen Nebengesetzen. Mit Einleitung und Erläuterungen von **Max Schultzenstein,** Oberverwaltungsgerichtsrath und Amtsgerichtsrath Dr. **Paul Köhne.** Zweite Auflage 3 M.

48. Gesetze und Verordnungen, betr. den **Drogen-, Gift- und Farbenhandel** außerhalb der Apotheken. Von Dr. **Broh,** Rechtsanwalt. 1 M. 25 Pf.

49. Deutsche **Kolonialgesetzgebung.** Von Professor Dr. **Philipp Zorn.** 4 M. 50 Pf.

50 Der **Viehkauf** (Viehgewährschaft) nach dem Bürgerlichen Gesetzbuche. Mit Erläuterungen von Rechtsanwalt Dr. **H. Stölzle.** Nebst Verordn. betr. die Hauptmängel und Gewährsfristen beim Viehhandel. Von **H. Weiskopf,** Königl. Kreisthierarzt in Augsburg. Dritte Auflage. 3 M.

51. **Hypothekenbankgesetz** vom 13. Juli 1899. Von Dr. **H. Göppert,** Gerichts-Assessor. 1 M. 80 Pf.

52. Gesetz, betreffend die gemeinsamen **Rechte der Besitzer von Schuldverschreibungen.** Von Dr. **Heinrich Göppert,** Gerichts-Assessor. 2 M.

53. **Reichspreßgesetz** vom 7. Mai 1874 nebst den einschlägigen Bestimmungen des Strafgesetzbuchs, der Gewerbeordnung rc. Kommentar von **A. Born,** Polizeiassessor. 1 M. 50 Pf.

54. Die Reichsgesetzgebung über den Verkehr mit **Nahrungsmitteln, Genußmitteln** und **Gebrauchsgegenständen.** Von Dr. **Georg Lebbin,** Nahrungsmittelchemiker. 2 M. 25 Pf.

55. Das Recht der **Beschlagnahme von Lohn- und Gehaltsforderungen.** Auf Grundlage der Reichsgesetze vom 21. Juni 1869 u. 29. März 1897 und der Civilprozeßordnung. Von Rechtsanwalt **Georg Meyer.** Zweite Auflage. 2 M.

56. Gesetz, betr. die **Bekämpfung gemeingefährlicher Krankheiten.** Nebst Ausführungsbestimmungen. Von Dr. **Bruno Burkhardt,** Regierungsrath, Mitglied des Kais. Gesundheitsamts. 1 M. 40 Pf.

57. **See-Unfallversicherungsgesetz.** Von **Dr. Max Mittelstein,** Oberlandesgerichtsrath in Hamburg. 2 M.

58 **Das Recht der unehelichen Kinder.** Ausgabe aller einschlägigen Bestimmungen des B.G.B. Von **Hermann Jastrow,** Amtsgerichtsrath. 1 M. 80 Pf.

59 Reichsgesetz über die **Beurkundung des Personenstandes und die Eheschließung.** Von Dr. **F. Fidler,** Amtsgerichtsrath. 1 M. 80 Pf.

60. Gesetz, betreffend das **Urheberrecht an Werken der Litteratur und der Tonkunst.** Von Gerichtsassessor **Otto Lindemann.** 1 M. 50 Pf.

61. Gesetz über das **Verlagsrecht.** Von Justizrath **Ernst Heinitz.** 1 M. 50 Pf.

62. Gesetz über die **privaten Versicherungsunternehmungen.** Von **H. Könige,** Ob.-Landsger.-Rath. 3 M.

63. **Gesetzestafel des Deutschen Reichsrechts.** Systematisch geordnete Nachweisung des z. Z. geltenden Reichsrechts. Ergänzungsband zu der Guttentag'schen Sammlung Deutscher Reichsgesetze. Von **Hugo Bruhns,** Syndikus. 2 M. 50 Pf.

64. Gesetzsammlung betr. den **Handel mit Drogen und Giften.** Reichsgesetzl. Bestimmungen und Anhang mit den landesgesetzl. Verordnungen sämmtlicher Bundesstaaten. Von Rechtsanwalt **H. Sonnenfeld,** Syndikus der Berliner Drogisten-Innung. 3 M.

65. Das **Weingesetz** vom 24. Mai 1901. Mit Ausführungsbestimmungen erläutert von Dr. **Georg Lebbin,** Handels- und Gerichtschemiker zu Berlin 1 M. 50 Pf.

66. Die **Eisenbahn-Gesetzgebung.** Von **W. Pietsch,** Geh. exp. Sekretär im Reichs-Eisenbahn-Amt. 5 M.

67. **Militär-Strafgesetzbuch.** Mit den Entscheidungen des Reichs-Militärgerichts von Dr. **Paul Herz,** Senats-Präsident am Reichs-Militärgericht und Kriegsgerichtsrath Dr. **Georg Ernst.** 3 M.

68. Das **Fleischbeschaugesetz.** Vom 3. Juni 1900. Mit Ausführungsges. u. Verordnungen im Reiche und in Preußen. Von Dr. **Georg Lebbin,** Gerichtschemiker und Rechtsanwalt Dr. **Georg Baum.** 4 M.

69. Reichsgesetz über die **Naturalleistungen der bewaffneten Macht im Frieden** nebst den zugehörigen in Preußen geltenden Bestimmungen. Von Regierungsassessor Dr. **Walter v. Hippel.** 1 M. 25 Pf.

70. Das **Reichs-Haftpflichtgesetz,** betr. die Verbindlichkeit zum Schadensersatz für die bei dem Betriebe von Eisenbahnen, Bergwerken, Steinbrüchen, Gräbereien und Fabriken herbeigeführten Tödtungen und Körperverletzungen, vom 7. Juni 1871. Von Regierungsrath Dr. **G. Eger.** Preis 3 M.

71. **Kinderarbeit in gewerblichen Betrieben,** v. 30. März 1903. Nebst der Preuß. Ausführ.-Anw. v. 30. Nov. u. d. Bek. des Reichskanzlers v. 17. Dez. 1903. Von **H. Spangenberg,** Oberverwaltungsgerichtsrath. Zweite vermehrte Auflage. 1 M. 60 Pf.

72. **Unfallversicherungsgesetz für Land- und Forstwirtschaft** vom wirkl. Geh. Rat Dr. **E. von Woedtke,** fortgesetzt von Dr. **Alfred Radtke,** Geh. Regierungsrat und Senatspräs. im Reichsversicherungsamt. 4 M. 50 Pf.

73. **Entschädigung für unschuldig erlittene Verhaftung und Bestrafung.** Nebst Anhang, enth. die dazu gehörigen Nebengesetze über Schadensersatz. Von Dr. jur. **A. Romen,** Geh. Kriegsrat und vortr. Rat im Kriegsministerium. 2 M.

74. Die **Kaufmannsgerichte** nebst den preuß. Ausführungsbestimmungen. Von Dr. **Max Apt,** Syndikus der Korporation der Berliner Kaufmannschaft. Dritte Auflage. 2 M.

Daraus einzeln: **Preuß. Ausführungsbestimmungen.** 50 Pf.

75. Reichsgesetz über die **Konsulargerichtsbarkeit.** Erläutert von Dr. iur. **A. F. Vorwerk,** Rechtsanwalt in Schanghai. 2 M.

76. **Die Rechtshilfe im Verkehr mit den ordentlichen Gerichten nach deutschem Reichsrecht.** Zusammenstellung aller in Betracht kommenden Gesetzesstellen. Von Landrichter Dr. **A. Friedländer.** 1 M. 80 Pf.

Guttentag'sche Sammlung

Preußischer Gesetze.

Text-Ausgaben mit Anmerkungen. Taschenformat.

---

1. Die **Verfassungs-Urkunde** für den Preußischen Staat. Mit Einleitung, vollständigem Kommentar. Von Prof. Dr. **Adolf Arndt.** Fünfte Auflage. 3 M.

2. Preußische **Beamten-Gesetzgebung.** Enthaltend die wichtigsten Beamtengesetze in Preußen. Von **C. Pfafferoth.** Vierte, neubearbeitete Auflage. 2 M.

3. **Die Aufnahme des Nottestaments** durch die bestellten besonderen Urkundspersonen. Anweisung vom 15. März 1904. Erläutert mit Musterbeispielen und einem Abriß des Erbrechts von Amtsgerichtsrath **C. Kurtz.** 1 M. 50 Pf.

4. **Gebührenordnung** für **Notare** vom 25. Juni 1895 nebst den einschlägigen Vorschriften des Preußischen Gerichtskostengesetzes. Von **R. Sydow.** Zweite Auflage bearbeitet von Dr. **E. Mosler,** Gerichtsassessor. 1 M. 50 Pf.

5. Gesetz vom **24. April 1854 (betr. die außereheliche Schwängerung).** Von Dr. **Schulze.** 75 Pf. Gültiges Recht siehe: Reichsgesetze Nr. 58.

6. Die Preuß. **Ausführungsgesetze und Verordnungen zu den Reichs-Justizgesetzen.** Von **R. Sydow.** Dritte vermehrte Auflage. 1895. 2 M. 40 Pf.

Siehe Seite 21, Busch, Ausführungsgesetze.

7. **Allg. Gerichtsordnung** vom 6. Juli 1793 und Preuß. **Konkursordnung** vom 8. Mai 1885. Von **F. Vierhaus,** Geh. Ober-Justizrath. Vergriffen.

8. **Vormundschaftsordnung.** Von **F. Schultzenstein.** Gültiges Recht siehe: Reichsgesetze Nr. 47.

9. Die Preußische **Grundbuchgesetzgebung.** Von Prof Dr. **Fischer.** Vergriffen. Siehe: Reichsgesetze Nr. 42.

10. **Einkommensteuergesetz.** Von **A. Fernow,** Geh. Finanzrath. Fünfte Auflage. 2 M. 50 Pf.

11. **Gewerbesteuergesetz.** Von **A. Fernow,** Geh. Finanzrath. Vierte, vermehrte u. verbesserte Auflage. 2 M.

12. **Allgemeines Berggesetz** für die preußischen Staaten und die auf dasselbe bezügl. Gesetze u. Verordnungen. Von **E. Engels.** Dritte Auflage. In Vorbereitung.

13. **Ergänzungssteuergesetz** (Vermögenssteuergesetz). Von **A. Fernow,** Geh. Finanzrath. Dritte vermehrte Auflage. 1 M. 50 Pf.

14. **Kommunalabgabengesetz.** Vom 14 Juli 1893 und Gesetz wegen Aufhebung directer Staatssteuern. Von **Dr. F. Adickes,** Oberbürgermeister. Dritte Auflage. 1 M. 50 Pf.

15. Die **Kreisordnungen** für den Preußischen Staat. Von **O. Kolisch,** Landgerichtsrath. 1894. 4. M.

16. **Concessionirung gewerblicher Anlagen.** Preuß. Ausführungs-Anweisung zu §§. 16 u. ff. der Gewerbe-Ordnung. Von Dr. **W. v. Rüdiger,** Geh. Regierungs- u. Gewerberath. Zweite Auflage. 2 M.

17. Preußisches **Gerichtskostengesetz.** Mit Kostentabellen. Von Dr. **P. Siméon,** Landrichter. Vierte Auflage. 2 M. 25 Pf.

18. Preußisches **Stempelsteuergesetz** vom 31. Juli 1895. Mit den gesammten Ausführungsbestimmungen und vollständigen Tabellen. Von **P. Loeck,** Regierungs-rath. Fünfte Auflage. 5 M.

Dieser Band ist in größerem Format erschienen.

19. Das **Jagdscheingesetz.** Mit ausführlichen Erläuterungen nebst der Ausführungsverfügung. Von **F. Kunze,** Wirklichem Geh. Ober-Regierungsrath. Zweite Auflage. 2 M.

20. Die **preußischen Erbschaftssteuergesetze.** Unter Berücksichtigung der Novelle vom 31 Juli 1895. Von **U. Hoffmann,** Geh. Registrator im Königl. preuß. Finanzministerium. 4 M.

21. Gesetz über die **Handelskammern.** Vom 19. August 1897. Mit Erläuterungen von **F. Lusensky,** Geh. Regierungsrath. 3 M.

22. Gesetz, betr. **Anstellung und Versorgung der Kommunalbeamten.** Mit Ausführungsanweisung. Von Dr. **W. Ledermann,** Magistratsassessor zu Berlin 1 M. 25 Pf.

23. **Ausführungsgesetz zum Bürgerlichen Gesetzbuche.** Von Landrichter Dr. **P. Siméon.** 2. Aufl. 1 M. 80 Pf.

24. Die **Hinterlegungsordnung** in der Fassung des Ausführungsgesetzes z. B.G.B. v. 20. Sept. 1899 nebst Ausführungsbestimmungen. Von Regierungsassessor Dr. **Georg Bartels.** 1 M. 50 Pf.

25. **Preußische Kommunalbeamtengesetzgebung.** Von Magistratsassessor Dr. **Fr. Kremski,** Berlin. 3 M.

26. Die Preußischen Gesetze über das **Diensteinkommen der Lehrer und Lehrerinnen, ihren Ruhegehalt und die Fürsorge für ihre Hinterbliebenen,** sowie einer Tabelle zur Berechnung der Ruhegehalts-, Wittwen- und Waisenbezüge. Von Dr. **Ed. Cremer,** Beigeordneter 2 M. 40 Pf

27. Gesetz, betreffend die **Waarenhaussteuer.** Von Geh Ober-Finanzrath Dr. **G. Strutz.** 1 M. 20 Pf.

28. Gesetz über die **Fürsorgeerziehung Minderjähriger.** Nebst Ausführungsanweisungen. Von Landgerichtsrath Dr. **P. F. Aschrott.** 2 M. 80 Pf.

29. Gesetz, betr. **die ärztlichen Ehrengerichte, das Umlagerecht und die Kassen der Aerztekammern.** Von Amtsgerichtsrath Dr. **Fidler.** 1 M. 50 Pf.

30 **Die das Preußische Staatsschuldbuch und Reichsschuldbuch** betr. Gesetze nebst Ausführungsbestimmungen. Von Wirkl. Geh. Ober-Finanzrath **J. Mücke,** Mitglied der Staatsschuldenverwaltung. 2 M.

31 a. **Die geltenden Preußischen Gesindeordnungen.** Herausgegeben in zwei Bänden von **Stephan Gerhard,** Rechtsanwalt in Berlin.

Band I: Gesindeordnung für die altpreußischen Provinzen vom 8. XI. 1810, mit Erläuterungen unter Berücksichtigung der Ergänzungsgesetze und der Rechtsverhältnisse der Gesindevermiether, sowie die Gesindeordnung für Neuvorpommern und Rügen und für die Rheinprovinz. 2 M. 50 Pf.

31b. **Band II:** Gesindeordnungen für Hannover, Schleswig-Holstein, Hessen-Nassau und den Regierungsbezirk Hohenzollern. 2 M. 50 Pf.

32. **Die Städteordnung für die sechs östlichen Provinzen** Preußens vom 30. Mai 1853 nebst ihren gesetzlichen Ergänzungen. Von **Dr. jur. Walter Ledermann,** Magistrats-Assessor zu Berlin. 6 M.

Dieser Band ist in größerem Format erschienen!

33. **Rentenguts- und Anerbenrechts-Gesetzgebung in Preußen.** Von Landgerichtsrath **M. Peltasohn** und Rechtsanwalt **Bruno Peltasohn.** 3 M.

34. Sammlung der wichtigsten **Preußischen Strafgesetze** nebst Anhang: Gesetz betr. polizeiliche Strafverfügungen vom 23. April 1883. Von **Otto Lindemann,** Amtsrichter. 2 M. 50 Pf.

Inhalt: Mobiliar-Feuerversicherung — Chausseegeld — Jagdpolizei — Jagdschein — Wild-Schonzeit — Fischerei — Versammlungs- u. Vereinigungsrecht — Belagerungszustand — Gesindedienstpflichten — Mineraliengewinnung und -Aneignung — Schlachthäuser — Dampfkesselbetrieb — Wandergewerbebetrieb — Reblausverbreitung — Forstdiebstahl — Wald- u. Wassergenossenschaften — Feld- u. Forstpolizei — Lotteriespiel — Verkehrsabgaben — Landestrauer.

35. **Geschäftsordnung für Gerichtsvollzieher.** Gerichtsvollzieherordnung und Gebührensätze von Amtsgerichtssekretär a. D. **Emil Exner.** 3 M. 50 Pf.

36. Die Gesetzgebung über **Polizeiverordnungen in Preußen** von **Otto Lindemann,** Amtsrichter in Köslin. 1 M. 50 Pf.

37. Gesetz über die **Enteignung von Grundeigentum** vom 11. Juni 1874 von Landrichter **O. Meyer.** 2 M.

Guttentag'sche Sammlung von Text-Ausgaben mit Sachregister ohne Anmerkungen.

Taschenformat, elegant in Leinen gebunden.

Reichs-Justizgesetze:

Gerichtsverfassungsgesetz. Civilprozeßordnung. Konkursordnung. Strafprozeßordnung.

In einem Bande gebunden 3 M. 80 Pf.

Zweite Auflage.

Civilprozeßordnung mit **Gerichtsverfassungsgesetz** und **Einführungsgesetzen** in den neuesten Fassungen. 2 M.

Konkursordnung mit **Einführungsgesetz.** 80 Pf.

Strafprozeßordnung nebst **Einführungsgesetz.** 1 M. 20 Pf.

Bürgerliches Gesetzbuch nebst **Einführungsgesetz.** Zehnter Abdruck. 2 M. 50 Pf.

Handelsgesetzbuch nebst **Einführungsgesetz** u. **Seerecht.** Siebenter Abdruck. 1 M. 80 Pf.

Gewerbeordnung für das Deutsche Reich. Zweite Auflage. 1 M. 20 Pf.

Ausführungsanweisung zur Gewerbeordnung vom 1. Mai 1904 nebst der preuß. technischen Anleitung. 2 M.

Militär-Strafgesetzbuch mit Abdruck der angezogenen Bestimmungen des Reichs-Strafgesetzbuchs. 1 M.

Guttentag'sche Sammlung von Text-Ausgaben mit Sachregister ohne Anmerkungen.

Militärstrafgerichtsordnung für das Deutsche Reich, nebst **Einführungsgesetz** und Gesetz, betr. die Dienstvergehen der richterlichen Militärjustizbeamten und die unfreiwillige Versetzung derselben in eine andere Stelle oder in den Ruhestand. **Militär-Strafgesetzbuch** mit Abdruck der entsprechenden Bestimmungen des Reichs-Strafgesetzbuchs. Zweite Auflage. 1 M. 50 Pf.

Reichsstempelgesetz (Börsensteuergesetz). Mit Tabellen zur Berechnung der Reichsstempelabgaben. 1 M. 50 Pf.

Die Preußischen Ausführungsgesetze zum Bürgerlichen Gesetzbuche und den anderen Reichs-Justizgesetzen nebst Verordnungen, Ministerialerlassen und Geschäftsordnungen. Von **L. Busch**, Kammergerichtsrat. Zweite Ausgabe. 8°. Preis geb. 3 M.

Die Preußischen Ausführungsgesetze zum Bürgerlichen Gesetzbuche und Nebengesetze. Text-Ausgabe ohne Anmerkungen. Fünfte Auflage. Taschenformat. Preis geb. in ganz Leinen 1 M. 80 Pf.

Handbuch des Testamentsrechts

mit zahlreichen Beispielen und Formularen.

Dargestellt von **Heinrich Pelser**, Landgerichtsrat in Danzig. gr. 8°. Preis 8 M., geb. in ganz Leinen 9 M.

Arndt, Dr. Adolf, Professor. Verfassung des Deutschen Reichs. Mit Einleitung und Kommentar. Zweite Auflage. 8°. Geb. 4 M. 50 Pf.

Behrens, Paul, Handbuch für Vereine bei Aufstellung, Berathung und Aenderung der Vereins-Satzungen. 8°. Preis geb. 1 M.

Born, A., Polizei-Assessor in Königsberg i. Pr. Das preußische Baupolizeirecht nebst den Bestimmungen des Ansiedelungs-, Feld- und Forstpolizei-, Waldschutz- und Deichgesetzes, sowie dem Fluchtlinien-, Rayongesetz und Ges. über die Zulässigkeit des Rechtsweges gegen polizeiliche Verfügungen. Kommentar. gr. 8°. Preis 10 M., geb. 11 M.

Delius, Dr. jur. H., Landgerichtsrath. Die Haftpflicht der Beamten. 8°. Preis geb. 2 M.

Delius, Dr. jur. H., Landgerichtsrath. Die Rechtsverhältnisse der geschlossenen Gesellschaften und Vereine nach Preußischem Recht unter besonderer Berücksichtigung der Befugnisse der Polizeibehörden. 8°. Preis geb. in Leinen 1 M. 60 Pf.

Das Gesetz betreffend **die Anlegung und Veränderung von Straßen und Plätzen in Städten und ländlichen Ortschaften** vom 2. Juli 1875. Des Kommentars von weil. Oberverwaltungsgerichtsrath **R. Friedrichs** fünfte völlig neubearbeitete Auflage bearbeitet von Dr. jur. **Hugo v. Strauß und Torney,** Senatspräsident des Oberverwaltungsgerichts. 8°. Geb. in ganz Leinen 5 M.

Holtgreven, Dr. A., Präsident des Oberlandesgerichts in Hamm und Dr. **Th. Wolff,** Oberlandesgerichtsrath. Das Wildschadengesetz vom 11. Juli 1891. Kommentar. Vierte Auflage. 8°. Geb. 4 M. 50 Pf.

Könige, H., Oberlandesgerichtsrath. Handelsgesetzbuch vom 10 Mai 1897 nebst Abdruck des Gesetzes über die Angelegenheiten der freiwilligen Gerichtsbarkeit und Gerichtsverfassungsgesetz (Titel 7, Kammern für Handelssachen). 8°. Geb. in ganz Leinen 4 M. 50 Pf.

Telegraphenwege-Gesetz vom 18. Dezember 1899 nebst den vom Reichskanzler erlassenen Ausführungsbestimmungen vom 26. Januar 1900 und den Erläuterungen und Ausführungsanweisungen des Reichs-Postamts. Amtliche Ausgabe. 8°. Geb. in ganz Leinen 1 M.

Wilhelmi, Dr. L., Das Handwerkergesetz vom 26. Juli 1897. Mit Einleitung und Bemerkungen unter besonderer Berücksichtigung der Ausführungs-Anweisungen der größeren Bundesstaaten. Geb. in ganz Leinen 6 M.

Winter, Dr. **Paul,** Landrichter. **Bürgerliches Gesetzbuch nebst Einführungsgesetz** unter Einfügung der preußischen Ausführungsbestimmungen. Zweite Ausgabe. 8°. Preis geb. in ganz Leinen 3 M.

Wie leitet man eine Versammlung? Geschäftlicher Handweiser für Vorsitzende. Von einem Mitgliede des Deutschen Reichstags und des Preußischen Abgeordnetenhauses. kl. 8°. Preis in elegantem Einbande 1 M.

Schlagwort-Register.

R. = Nummer der Sammlung Deutscher Reichsgesetze.
P. = Nummer der Sammlung Preußischer Gesetze.
S. = Seite.

FSC
www.fsc.org
MIX
Papier | Fördert gute Waldnutzung
FSC® C083411

Kolibri 360 GmbH
Ferdinand-Jühlke-Straße 7
99095 Erfurt, Deutschland
produktsicherheit@kolibri360.de